유비야,
공자를
부탁해

이야기로 쉽게 배우는 어린이 동양 고전

유비야, 공자를 부탁해

글 **우광훈·김영숙** | 그림 **유설화**

살림어린이

추천의 글

　미래 사회는 국가 간 교류가 급속히 확산되고, 지식의 생성·소멸 속도가 가속화되는 글로벌 지식 기반 사회입니다. 글로벌 지식 기반 사회에서는 다양한 문화에 대한 소통과 이해, 그리고 지식을 창출하고 활용할 줄 아는 창의적 능력이 요구됩니다. 이에 교육과학기술부는 미래의 주역인 우리 학생들의 소질과 특성, 잠재력을 키울 수 있는 창의·인성교육 확산에 힘을 쏟고 있습니다.

　창의·인성교육에 있어서 누구보다 전문성을 가지고 계신 분들은 바로 교육 현장에서 직접 아이들을 지도하시는 선생님들이 아닐까 합니다. **'선생님 저자 되기 프로젝트'**는 선생님들이 교육 현장에서 체득한 창의적 교수법과 생생한 노하우를 동료 교사들과 함께 나누고, 철학·역사·과학·녹색성장·시민교육 등 다양한 분야의 재미있는 학습 길잡이가 되고자 진행된 사업입니다.

프로젝트의 결실로서 열여섯 권의 책이 발간되었습니다. 저자가 되신 열다섯 팀의 선생님들께 진심으로 축하의 말씀을 드립니다. 바쁜 학교생활 속에서도 시간을 쪼개 좋은 책을 써 주신 선생님들과 책을 출간해 주신 출판사, 한국과학창의재단 관계자께도 심심한 감사의 말씀을 드립니다.

　이번에 출간된 책들이 창의·인성교육을 실천하고자 하는 전국의 모든 선생님, 교과서를 벗어나 새로운 지식 탐구를 하고자 하는 학생, 그리고 자녀 교육에 관심이 많은 대한민국 학부모님에게 많은 도움이 되리라 믿습니다.

　앞으로도 '선생님 저자 되기 프로젝트'를 계속적으로 진행하여 창의·인성교육을 활성화하고, 대한민국의 미래인 우리 아이들이 각자의 꿈을 키워 갈 수 있도록 지원하겠습니다. 감사합니다.

교육과학기술부 장관
이주호

이 책을 읽는 어린이들에게
진솔 선생님에 대하여

어린이 여러분, 이제 여러분이 만나게 될 진솔 선생님의 소개에 앞서 잠시 백두산과 한라산에 얽힌 재미난 이야기를 하나 들려 드릴게요.

그런데 참, 백두산과 한라산은 각각 어느 지방에 있죠? 백두산은 함경도에, 한라산은 제주도에 있답니다. 하지만 아주 오래전, 두 산은 모두 서울에 모여 있었지요. 못 믿으시겠다고요? 자, 그럼 지금부터 선생님이 여러분들에게 들려주는 이야기에 귀 기울여 보세요.

아주 오래전, 서울에는 흰솔이라는 노인이 살고 있었습니다. 그런데 그 흰솔 노인에게는 한 가지 못마땅한 점이 있었어요. 그것은 바로 거대한 산 두 개가 서울을 둘러싸고 있어 다른 지방으로 이동하기가 불편하다는 점이었습니다. 어느 날 흰솔 노인은 온 가족이 모인 자리에서 이렇게 말했습니다.

"나는 너희들과 힘을 합쳐 서울을 둘러싸고 있는 한라산과 백두산을 깎아 없애고자 한다. 그리하여 남과 북으로 곧은길을 내고 싶은데 너희들 생각은 어떤지 알고 싶구나."

이 말에 가족 대부분은 찬성했으나, 그의 아내는 그것은 도저히 불가능한 것이라며 반대했어요.

"아니, 당신 나이를 생각하세요. 작은 언덕을 깎기도 힘들 텐데 저렇게 큰 산을 어떻게 다 깎는단 말이에요? 그리고 저 산을 깎아서 생겨난 흙과 돌은 또 어떻게 하실 작정이에요?"

그러자 흰솔 노인이 이렇게 말했죠.

"한강 물을 더럽힐 순 없으니 중국 황하에 갖다 버릴 수밖에."

"네?"

아내는 너무 놀라 입을 다물지 못했답니다. 왜냐하면 서울에서 황하까지는 마차로도 꼬박 1년이 걸리는 먼 거리였으니까요.

그러나 노인은 이튿날 아침부터 세 아들과 손자들을 데리고 백두산으로 가 돌을 깨고 흙을 파기 시작했습니다. 이 모습을 본 마을 사람들은, "죽을 날이 머지않은 노인이라 망령이 난 모양이로군." 하며 놀려 댔답니다.

하지만 흰솔 노인은 태연히 웃으며 이렇게 말했어요.

"내가 죽으면 내 아들이 하고, 아들이 죽으면 손자가 하고, 손자가 죽을 때쯤이면 또 그 아들이 태어날 것이다. 이렇게 계속 파 내려가다 보면 언젠가는 저 거대한 두 산도 평평해져 큰길로 변할 날이 오겠지……"

이 말을 들은 동네 사람들은 그만 할 말이 없어지고 말았답니다.

그러던 어느 날, 백두산과 한라산을 지키고 있던 산신령들이 우연히 이 말을 듣게 되었어요. 산이 없어지면 큰일이라고 생각한 두 산신령은 옥황상제에게 이 사실을 전했습니다.

"옥황상제님, 지금 서울에 사는 흰솔이라는 노인이 저희들이 지키고 있는 백두산과 한라산을 모두 깎아 없애려고 합니다. 제발 저 엉뚱한 노인을 벌하여 주십시오."

하지만 옥황상제는 그 말을 믿을 수가 없었답니다.

"말도 안 되는 소리다. 저 거대한 산을 어떻게 힘없는 노인 하나가 옮길 수 있단 말이냐?"

산신령들은 결국 지금까지의 일을 옥황상제님에게 낱낱이 고했습니다.

그 말을 들은 옥황상제는 화를 내기는커녕 오히려 흰솔 노인의 끈기와 노력에 감동하고 말았어요. 옥황상제는 옆에 있던 힘의 신들에게 명령했죠.

"너희들은 당장 지상으로 내려가 저 두 산을 서울에서 가장 먼 곳으로 옮겨 놓도록 하여라."

그리하여 백두산과 한라산은 한반도의 가장 끝인 함경도와 제주도로 옮겨지게 되었답니다. 그리고 그 자리에 조그마한 산이 남았는데, 서울 사람들은 그 산을 '옮기다 남은 산'이란 뜻에서 남산이라고 불렀다고 해요.

어때요? 선생님의 이야기가 재미있었나요?

자, 그럼 이제부터 여러분들이 만나게 될 진솔 선생님을 소개해 드릴게요.

진솔 선생님은 조금 전 여러분이 만난 흰솔 노인의 후손으로 지금은 서울 맹공초등학교에서 근무하시는 초등학교 선생님이랍니다. 슬기로운 지혜와 따스한 마음으로 모든 아이들에게 존경받는 아주 멋진 분이죠.

이 이야기는 그분과 맹공초등학교 6학년 깊은샘 반 친구들이 엮어 가는 학교생활에 관한 재미난 이야기입니다. 이 책을 읽는 여러분들이 이 이야기를 통해 다양한 삶의 지혜를 발견하기를 바랍니다.
　자, 그럼 지금부터 이야기 속으로 떠나볼까요?

　　　　　　　　이 이야기는 『진서(晉書)』에 나오는 내용을 각색한 것입니다.

　　　　　　　　　　　　　　　　　　　　옥광흔 · 김영숙

차례

진솔 선생님에 대하여 6

진솔 선생님과의 만남_『서경』　　　　　　　　　　　14
학급회장이 되기 위해 갖추어야 할 다섯 가지_『장자』　22
맹달 선생님의 굵고 단단한 장대_『한비자』　　　　　30
여포가 변했어요_『진서』　　　　　　　　　　　　　38
수레를 고치듯이_『논어』　　　　　　　　　　　　　46
나쁜 친구, 좋은 친구_『한비자』　　　　　　　　　　54
젖은 나무에 불붙이는 방법_『논어』　　　　　　　　60
타시불타이면 불타시타라_『반야심경』　　　　　　　66
한 달 치 간식을 한번에 다 준 이유_『논어』　　　　　74
진솔 선생님의 뜨거운 눈물_『순자』　　　　　　　　82
선생님, 숙제를 못 했어요_『몽구』　　　　　　　　　88
친구를 버리고 공부를 선택한 관우_『맹자』　　　　　94
동탁이의 문제집은 다 백 점_『맹자』　　　　　　　102
여포, 하나님께 간절히 기도하다_『맹자』　　　　　108

방귀송_『소찬』 114

동탁, 불로천에서 돈을 잃다_『여씨춘추』 121

돌아온 여포_『열녀전』 127

화장실 청소부장이 된 장비_『제오강정』 132

동탁, 도둑질을 하다_『한비자』 140

초선이는 몸치예요_『설원』 146

두 마리 개를 동시에 잡는 방법_『전국책』 152

유비의 서예 솜씨는 놀라워요_『장자』 159

색안경을 끼고 세상을 보다_『열자』 166

뜀틀운동을 잘하는 방법_『장자』 171

자룡, 깊은샘 반에 가다_『오월춘추』 178

관우의 늠름한 기상_『후한서』 185

숲을 볼 줄 아는 어린이_『열반경』 192

이상한 지우개와 연필_『한비자』 199

쓸모없는 소나무가 더 쓸모 있는 까닭_『장자』 205

가장 소중한 것은 용기_『맹자』 212

창의·인성 계발 서술형 고전 문제 218

등장인물 소개

진솔 선생님
맹공초등학교 6학년 깊은샘 반 담임 선생님이다. 슬기로운 지혜와 따스한 마음을 갖춘 선생님으로 아이들의 존경을 한 몸에 받고 있다.

맹달 선생님
6학년 높은산 반 담임을 맡고 있다. 이름은 오맹달. 얼굴이 우락부락하게 생겨 무섭게 보이지만 사실 정도 많고 눈물도 많다.

유비
학급회장으로 진솔 선생님을 도와 깊은샘 반을 이끌고 있다. 여자처럼 부드럽고 섬세한 면도 있지만, 학급에 일이 생기면 그 누구보다 먼저 달려가 용감하게 해결한다.

관우
우직한 성격에 태권도를 잘한다. 가장 싫어하는 것은 규칙을 어기거나 나쁜 행동을 하는 것.

장비
목소리도 우렁차고 힘도 아주 센 사나이 중의 사나이. 깊은샘 반 회장 선거에 출마했다.

동탁
어려운 일이 생겨도 주문을 외면 잘될 거라고 생각하는 긍정적인 성격이다. 가끔 문제를 일으켜서 진솔 선생님을 곤란하게 만든다.

여포
6학년이 될 때까지 말썽을 많이 일으켰다. 공부는 못하지만 축구를 굉장히 잘해서 박지성처럼 훌륭한 축구선수가 되는 게 꿈이다.

조조
타고난 머리로 공부는 잘하지만 잔꾀를 많이 부려 아이들에게 인기가 없다.

초선
깊은샘 반 최고의 미모를 지녔다. 하지만 박자와 리듬 감각이 부족해 음악과 무용시간이 두렵다.

진솔 선생님과의 만남

맹공초등학교에 오신 것을 진심으로 환영합니다!

맹공초등학교 교무실. 진솔 선생님이 처음 출근하는 날이었다.
"진솔 선생님에 대해 좀 아시나요?"
지호 선생님이 옆자리에 앉아 있는 맹달 선생님에게 물었다.
"아함~. 중국 고전을 쓱싹쓱싹 요리해서 아이들 머릿속에 쏙쏙 집어넣어 주신다는 분 아니십니까?"
맹달 선생님이 거의 감길 듯한 눈으로 계속 하품을 해 대며 말했다. 순간, 맹달 선생님의 이 사이로 빨간 고춧가루가 드러났다.
'쯧쯧, 아침에 이도 안 닦나 보군. 저러니 여태 결혼도 못하지⋯⋯.'
지호 선생님이 고개를 절레절레 흔들더니 아무렇지도 않은 듯 다시 말을

고전
오랫동안 많은 사람에게 널리 읽히고 모범이 될 만한 문학이나 예술 작품.

이었다.

"어제 교장실에서 살짝 엿들었는데 『논어』와 『맹자』라는 그 어려운 책을 백 번도 넘게 읽었고, 『명심보감』은 거의 다 외울 정도라고 하더군요. 참, 더 놀라운 건 학년이 바뀔 때마다 아이들이 그분과 같은 반이 되길 바라며 밤새워 기도까지 드린다는 거예요."

"엥? 정말요?"

맹달 선생님이 휘둥그레진 눈을 껌벅이며 입을 쩍 벌렸다.

"왜 그리 놀라세요? 하기야 선생님은 매일 만화책만 읽으시니 믿기 어려우시겠죠."

"뭐라고요? 지금 절 무시하는 겁니까!"

"아, 아닙니다. 농담이에요, 농담. 하하하!"

그때였다. 교무실 문이 활짝 열리더니 낯선 사내 하나가 교장 선생님의 안내를 받으며 안으로 들어왔다.

바로, 진솔 선생님이었다.

진솔 선생님의 외모는 기대와는 달리 참으로 볼품없었다. 자그마한 키에 꼬불꼬불한 머리카락, 하마 같은 입과 두툼한 입술, 뭉툭한 코에 누리끼리한 피부까지…… 영락없는 동네 아저씨 스타일이었다. 하지만 눈빛만은 더없이 맑고 투명했다. 마치 순정만화에 등장하는 남자주인공처럼.

진솔 선생님의 간단한 자기소개가 끝나자, 새로운 학년과 학반 발표가 이어졌다. 진솔 선생님은 올해 6학년 깊은샘 반을 맡게 되었다.

회의가 끝나고 교실로 올라가는 길, 맹달 선생님이 진솔 선생님 옆으로 쪼르르 달려가더니 목소리를 가다듬으며 인사를 건넸다.

"흐, 흠……, 안녕하세요. 전 이곳 맹공초등학교에 근무하는 교사 오맹달이라고 합니다."

"아, 높은산 반 담임 선생님이시죠? 잘 부탁드립니다."

진솔 선생님이 손을 내밀어 악수를 청했다.

"그나저나 대단하시던데요. 인성교육 전국 최우수 교사! 〈EBS 수업왕을 찾아라〉 3회 연속 출연! 이거 마치 연예인을 만난 기분입니다."

"아이쿠, 별말씀을요. 아직 많이 부족합니다. 여러 가지로 잘 도와주십시오."

"그야 당연히 도와드려야죠! 이웃사촌이라는 말도 있지 않습니까. 뭐든지 부탁만 하십시오. 우사인 볼트처럼 곧장 달려갈 테니까요."
"네? 하하하!"
진솔 선생님이 활짝 웃으시며 다시 말을 이었다.
"그런데 맹달 선생님, 아침에 교문에서 얼핏 들으니 아이들이 우리 학교를 맹꽁초등학교라고 부르던데 무슨 이유라도 있습니까?"
"아! 고 녀석들, 장난삼아 그러는 겁니다. 솔직히 맹공보다는 맹꽁이 부르기도 쉽고 재밌잖아요. 그래서인지 우리 학교를 맹꽁초등학교로 알고 계시는 부모님도 제법 되신다니까요. 푸하하!"
그렇게 3층 복도로 이어지는 계단을 오르고 있을 때쯤이었다.
"선생님, 이제 새로운 아이들과 만나게 될 텐데 첫 시간에 들려줄 이야기로 어떤 게 가장 좋을까요?"
맹달 선생님이 대뜸 이렇게 물었다.
진솔 선생님은 잠시 생각에 잠기더니, 이내 이슬 같은 눈빛을 반짝였다.
"겸손은 어떨까요? 왜 '만초손 겸수익'이란 말도 있지 않습니까?"
"만초손 겸수익이라……. 무슨 뜻이죠? 제가 한자에 좀 약해서……."
맹달 선생님이 멋쩍은 듯 뒷머리를 긁적이며 빙긋이 미소를 머금었다.
"그럼 제가 설명해 드리겠습니다.

이 말은 겸손하면 이익을 얻고, 욕심을 부리면 오히려 손해를 본다는 뜻입니다. 청나라 순현친왕 혁현이 한 말이죠. 그는 평생을 겸손하게 살았는데, 자신이 지내던 방의 이름을 '항상 겸손하자'라는 뜻에

겸사당

겸사당(謙思堂)
겸손하게 생각하는 곳.

퇴성재(退省齋)
뒤로 물러나서 반성하는 곳.

서 '겸사당'이라고 지었고, 서재의 이름 역시 '항상 반성하자'라는 뜻으로 '퇴성재'라 불렀다고 해요. 그는 세상을 떠나며 겸사당 안에 있던 낡은 그릇에 한 줄의 교훈을 새겨 놓았는데, 그것이 바로 '만초손 겸수익'이었습니다. 죽는 순간까지도 겸손을 강조한 셈이죠."

"오! 그런 숨은 뜻이……. 그런데 선생님, 요즘은 자기 홍보 시대라고 하던데 너무 겸손하면 오히려 손해 아닌가요?"

미술실 앞을 지날 때쯤, 맹달 선생님이 다시 물었다.

"그건 잘못된 생각입니다. 겸손이란 자신을 한없이 낮추는 것입니다. 자기가 잘생겼다고 해서, 공부를 잘한다고 해서 그것을 자랑하거나 뽐내려 해

『서경』
중국 유가 5경(『역경』『서경』『시경』『예기』『춘추』) 가운데 하나. 『상서』라고도 한다.

서는 안 되죠. 그럴수록 더욱더 자신을 낮추고, 자신보다 못한 사람을 이해할 줄 아는 착한 마음이 필요한 법입니다. 이렇게 겸손할 줄 아는 사람은 얼굴이 잘생긴 사람, 운동을 잘하는 사람, 공부를 잘하는 사람보다 더 많은 사랑을 받을 수 있지요. 그리고 그 사랑은 아마 영원할 것입니다."

이 이야기는 『서경(書經)』에 나오는 내용을 각색한 것입니다.

만 초손 겸수익

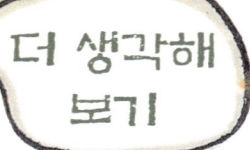

더 생각해 보기

눈처럼 새하얀 공주와 장난꾸러기 일곱 난쟁이가 등장하는 동화 『백설공주』에서 사악한 왕비는 거울을 보며 "거울아, 거울아. 이 세상에서 누가 제일 예쁘니?"라고 물었어요.

그러자 거울은 기다렸다는 듯 대답하죠.

"왕비님도 예쁘지만 이 세상에서 가장 예쁜 건 백설공주랍니다."

이 지혜롭지 못한(착한 백설공주를 보호하려면 "왕비님이 제일 예뻐요."라고 말했어야죠) 거울의 대답 때문에 백설공주는 결국 험난한 모험의 세계로 빠져들게 됩니다.

그런데 왕비는 왜 거울의 대답에서 이런 생각을 해 보지 못했을까요?

"왕비님, 왕비님은 정말 예뻐요. 하지만 당신의 외모에 너무 자만하지 마세요. 세상엔 왕비님 못지않게 예쁜 사람도 아주 많은 법이랍니다."

선생님이 매년 담임을 맡으면서 느끼는 것은 요즘 학생들이 왠지 예전만큼 겸손하지 않다는 사실이에요.

맹달 선생님의 말씀처럼 현대사회는 자신의 장점을 적극적으로 알리고 내세우는 '자기 홍보 시대'인 것만은 분명합니다. 하지만 너무 잘난 체하거나 우쭐댄다면 오히려 다른 이들에게 미움을 받기 쉽습니다.

이 글을 읽는 여러분들은 항상 겸손한 태도로 남을 존중하고 양보할 줄 아는 아름다운 사람이 되었으면 좋겠습니다.

관련 한자어

滿招損 謙受益 時及天道

만 초 손 겸 수 익 시 급 천 도

교만은 손해를 부르고 겸손하면 이익이 온다. 이것이 하늘의 섭리다.

滿(가득 찰 만) 招(부를 초) 損(잃을 손)
謙(겸손할 겸) 受(얻을 수) 益(더할 익)

이 말은 겸손이야말로 사람이 가장 먼저 배우고 지녀야 할 소중한 덕목이라는 뜻입니다. 물론, 겸손은 무조건 자기를 낮춘다고 해서 생기는 것이 아닙니다. 그 속엔 타인을 배려하는 따스한 마음이 담겨 있어야 합니다. 이 따스한 마음이 타인에게 전달되는 순간, 비로소 진한 감동이 움터 나는 법이랍니다.

덕목
올바른 사람이 되기 위해 꼭 지녀야 할 예절 같은 것을 일컫는 말.

학급회장이 되기 위해 갖추어야 할 다섯 가지

진솔 선생님 반에는 장비란 아이가 있었다. 강호동 못지않은 덩치에 170센티미터가 넘는 큰 키, 울퉁불퉁한 알통과 맹수 같은 눈초리, 힘은 또 얼마나 센지 동네아저씨들조차 팔씨름으로는 장비를 당해 내지 못했다. 그런 장비에게 올해 한 가지 소원이 생겼으니 그건 바로 학급회장에 당선되는 것이었다.

'그래! 졸업하기 전에 적어도 학급회장은 한번 해야겠지.'

6학년 1학기가 시작되자, 장비는 물 만난 고기처럼 자신의 힘을 아이들에게 맘껏 과시했다.

배식차 들고 계단 오르기, 손가락 하나로 책상 옮기기, 철봉 휘었다가 펴기, 교문 떼었다 붙이기, 정글짐으로 축구골대 만들기……

아이들은 이러한 장비의 괴력 앞에 그저 놀랄 뿐이었다.

'크캬캬캬! 뭘 이 정도 갖고 놀라는 거야. 나의 마지막 필살기는 아직 공개하지도 않았는데……'

반 대항 씨름대회가 한창 진행되던 금요일 오후, 손쉽게 결승전까지 오른 장비는 기다렸다는 듯 자신의 윗도리를 힘껏 벗어 던졌다. 그러자 양팔의 우람한 알통과 더불어 멋진 복근이 드러났다.

'자, 나의 근육을 보라고. 이 우아하고 아름다운 왕(王) 자 근육을! 우하하하.'

하지만 장비의 기대와는 달리 여자아이들은 '꺄아~' 하고 비명을 내지르며 재빨리 손바닥으로 얼굴을 가려 버렸다.

"야, 너 빨리 옷 안 입어? 어휴, 저질 멧돼지!"

여자아이들은 얼굴을 붉히며 이렇게 야유를 퍼부었다.

하지만 몇몇 아이들은 손가락 틈 사이로 장비의 멋진 복근을 슬쩍슬쩍 훔쳐보았다.

'봐, 다 내숭이었잖아. 헤헤……, 나의 멋진 복근에 반하지 않을 여자는 이 세상에 아무도 없지. 자, 이제 우리 반 회장은 따 놓은 당상이라고!'

하지만 어찌된 영문인지 학급회장 선거일이 가까워질수록 아이들은 힘세고 남자다운 장비보다는 여자같이 연약하고 얌전한 유비를 더 좋아하는 것이었다.

크게 실망한 장비는 결국 진솔 선생님을 찾았다.

"선생님, 한 가지 고민이 있어요."

"뭔데 그러니?"

"선생님도 아시다시피 다음 주에 회장선거가 있잖아요. 전 힘도 세고, 운동도 잘해서 아이들에게 꽤 인기가 있을 줄 알았어요. 근데 우리 반 아이들은 저보다 유비를 더 좋아하는 것 같아요. 아무리 미소년이 대세라지만 그래도 계집애 같은 애를 더 좋아한다는 게 이해가 되지 않아요."

장비가 풀이 죽은 얼굴로 이렇게 묻자, 진솔 선생님은 갑자기 손가락 다섯 개를 펼쳤다.

『장자』
중국 전국시대의 사상가인 장자가 지은 책.

"장비야, 선생님은 『장자』라는 책을 무척 좋아하는데, 그 책엔 의로운 도둑이 되기 위해선 다섯 가지를 반드시 갖추어야 한다고 적혀 있더구나."

"의로운 도둑이라뇨?"

"나쁜 관리들을 따끔하게 혼내 주고, 그들의 재산을 가난한 사람들에게 골고루 나눠 준 홍길동이나 임꺽정 같은 도둑 말이야."

"네……. 그런데 다섯 가지는 뭔가요?"

"응, 첫째, 훔칠 물건이 어디에 있는지를 정확히 예측할 수 있는 능력, 둘째, 물건을 훔치러 들어갈 때 제일 먼저 앞장설 수 있는 용기, 셋째, 물건을 훔친 뒤에 제일 마지막에 나올 수 있는 의리, 넷째, 훔쳐도 될 물건과 안 될 물건을 판단할 줄 아는 지혜, 마지막으로 훔친 물건을 가난한 사람들을 위해 베풀 줄 아는 착한 마음이 바로 그것이란다.

학급회장 역시 마찬가지야. 회장이 되기 위해선 물론 너처럼 강한 체력도 필요하겠지. 하지만 그보다 더 중요한 게 있단다. 친구들을 차별하지 않고 공평하게 대하는 '어진 마음', 친구들의 장단점을 정확히 파악할 수 있는 '지혜', 각종 행사에서 가장 먼저 앞장설 수 있는 '용기', 경쟁에서 불리하거나 졌을 때 그 결과를 책임질 수 있는 '의리', 그리고 마지막으로 상과 칭찬을 아이들 덕으로 돌릴 수 있는 '인자함'을 반드시 갖추어야만 해. 이 다섯 가지 중 한 가지라도 부족하다면 결코 좋은 회장이 될 수 없단다. 자, 그럼 넌 이 중에서 몇 가지를 갖추었다고 생각하니?"

이 이야기는 『장자(莊子)』에 나오는 내용을 각색한 것입니다.

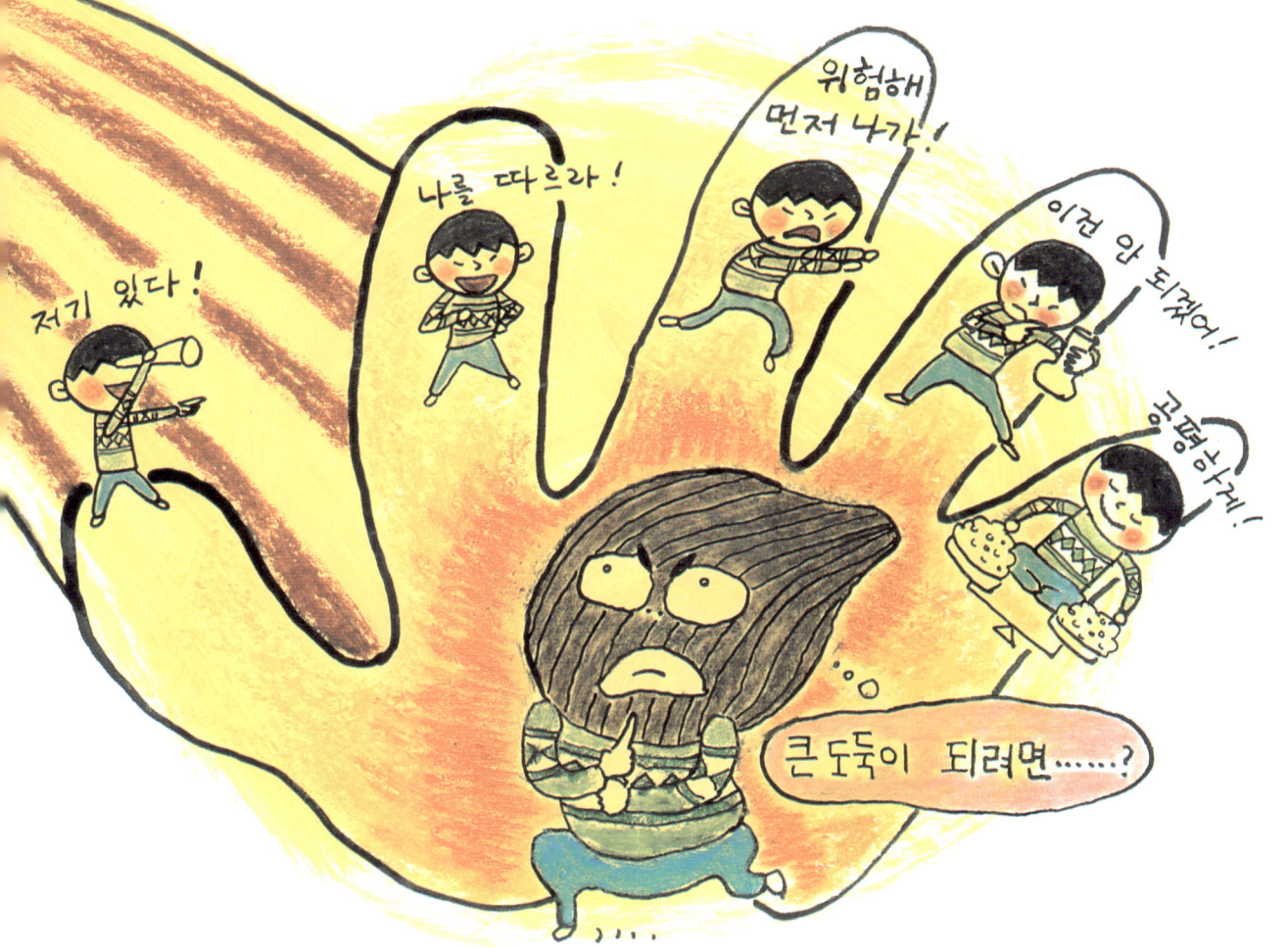

더 생각해 보기

매년 학기 초만 되면 많은 학생들이 "선생님, 회장 선거 언제 해요?"라고 묻습니다. 학급회장이나 부회장이 되기를 꿈꾸는 학생들은 선거를 의식해 친구들에게 한턱내기도 하고, 부모님과 함께 만든 선거공약을 밤새워 외우기도 합니다. 또한 친구들을 자신의 집으로 초대해 선거 운동원이 되어 달라고 부탁하기도 하죠.

물론 선생님은 그런 아이들의 모습을 충분히 이해하지만, 한편으론 걱정이 되기도 해요. 인기만을 좇는 아이들, 편 가르는 아이들, 자신의 능력은 생각지 않고 잘난 척만 하는 아이들도 간간이 눈에 띄기 때문이죠.

선생님이 그런 아이들을 위해 들려주는 이야기가 있답니다. 바로 고구려 왕자 담덕에 관한 이야기예요.

고구려 제18대 왕인 고국양왕의 아들 담덕은 태자가 되자 훌륭한 왕이 되기 위해 다음 세 가지를 항상 가슴속에 담고 있었대요.

첫째, 중국에 빼앗긴 땅을 되찾기 위해서는 스스로 뛰어난 무사가 되어야 한다.
둘째, 백성들을 올바른 길로 인도할 수 있도록 지혜를 쌓아야 한다.
셋째, 불교의 높은 덕으로 나라를 평화롭게 다스려야 한다.

담덕은 이러한 다짐들을 실현시키기 위해 열심히 책을 읽고, 무예를 익혀 나갔어요. 결국 열여덟이란 어린 나이에 왕이 된 그는 많은 전쟁에서 승리하여 남쪽으로는 한강, 북쪽으로는 연해주(오늘날의 러시아)에 이르는 드넓은 영

토를 개척하게 되었죠. 그분은 바로 여러분도 잘 알고 있는 광개토대왕입니다.

관련 한자어

盜跖之五德 夫妄意室中之藏 聖也
도척지오덕 부망의실중지장 성야

入先 勇也 出後 義也
입선 용야 출후 의야

知可否 知也 分均 仁也
지가부 지야 분균 인야

도둑에게도 다섯 가지의 덕이 있다. 재물이 어디에 있는지 아는 것을 '성'이라 하고, 훔치러 들어갈 때 남보다 먼저 들어가는 것을 '용'이라 하며, 훔치고 나서 나올 때 뒤에 나오는 것을 '의'라 하고, 도둑질을 할지 말지 잘 판단하는 것을 '지'라 하며, 훔친 재물을 공평하게 나누는 것을 '인'이라 한다.

盜(도둑 도)　跖(발바닥 척)　之(갈 지)　五(다섯 오)
聖(성스러울 성)　德(덕 덕)　智(지혜 지)　勇(용맹할 용)
義(옳을 의)　仁(어질 인)

이 말은 큰 도둑이 되기 위해선 적어도 성(聖), 지(智), 용(勇), 의(義), 인(仁)의 다섯 가지를 꼭 갖추어야만 한다는 뜻입니다.

맹달 선생님의 굵고 단단한 장대

새 학기가 시작되자, 맹달 선생님은 한 가지 새로운 다짐을 했다.

'음, 올해부터는 진솔 선생님을 본받아 너그러워질 거야. 아이들이 좋아하는 건 뭐니뭐니 해도 밝은 미소니까 매일 활짝 웃어 줘야지.'

그렇게 종일 거울을 들여다보며 턱이 아플 정도로 웃는 연습을 했다. 하지만 새 학기가 시작되고 보름이 지나자, 맹달 선생님이 무섭다며 눈길을 피하거나 쭈뼛쭈뼛 말을 더듬는 아이들이 오히려 작년보다 더 늘어났다.

'왜 아이들이 날 피하는 거지? 이유가 뭘까? 나의 이 시커먼 콧수염 때문일까? 아니면 컬컬한 목소리? 험상궂은 얼굴?'

하지만 무서워 보이는 콧수염을 밀어도, 재미있게 "안뇽하세요~." 하고 비음을 섞어 말을 해도, 방긋방긋 미소를 머금어도 아이들은 계속 맹달 선생님을 피하는 것이었다.

'어휴! 이것 참…….'

맹달 선생님은 며칠을 곰곰이 생각해 보았지만 도무지 그 까닭을 알 수 없었다. 결국 맹달 선생님은 진솔 선생님을 찾아가 도움을 청하기로 했다.

그날 오후 깊은샘 반에 간 맹달 선생님은 그동안 있었던 일들을 하나도 빠짐없이 진솔 선생님께 들려주었다.

"사랑으로 대하는데도 아이들이 무서워한다……."

"네. 하늘에 맹세코 회초리도 한번 들지 않았고, 고함을 지른 적도 없습니다."

"그럼, 혹시……."

"혹시?"

"교실에 날카로운 물건이나 굵고 긴 장대 같은 건 없습니까?"

"날카로운 물건이나 굵고 긴 장대라……."

맹달 선생님은 잠시 기억을 더듬더니 뭔가 떠오르는 게 있는 듯 손바닥을 쳤다.

"아하! 하나 있습니다. 제 특기가 체육 아닙니까. 교장 선생님이 그걸 어떻게 아셨는지 3월 초에 육상부 지도를 부탁하시더군요. 당연히 제가 하겠다고 말씀드렸죠. 다음 날, 높이뛰기 장대 하나를 구해 교실에 갖다 놓았습니다. 정식 대회에 사용하는 거라 그런지 엄청 튼튼하더군요. 그런데 그건 왜요?"

맹달 선생님의 말을 들은 진솔 선생님은 그제야 환한 미소를 머금었다.

"오호, 이제야 알겠군요. 아이들이 선생님을 피하는 이유는 바로 그 장대 때문입니다."

그러자 맹달 선생님은 어

이가 없다는 듯 펄쩍 뛰었다.

"선생님! 절 뭘로 보십니까? 설마 제가 그 장대로 아이들을 때린다거나 겁을 준다고 생각하는 건 아니시겠죠?"

"아, 화부터 내지 마시고 일단 제 말 좀 들어 보십시오."

진솔 선생님이 맹달 선생님을 달래며 말을 이어 나갔다.

"옛날 중국 송나라에 술을 잘 빚는 한 사내가 살고 있었습니다.

그 사내는 안주도 맛깔스럽게 담아냈을 뿐 아니라, 손님들에게 항상 친절했지요. 그런데 시간이 흐를수록 사내의 술집을 찾는 사람들의 수는 점점 더 줄어들었어요. 이를 이상하게 여긴 사내는 결국 마을에서 가장 현명한 선비를 찾아갔습니다.

"어르신, 어르신도 잘 아시다시피 저희 집 술은 '송나라 최고의 술'이라는 칭찬을 자주 듣는 편입니다. 그런데도 바로 아랫마을에 있는 술집보다 찾는 이가 적습니다. 왜 그런 걸까요?"

그러자 선비는 껄껄 웃으며 말했어요.

"지난 번 술집에 들렀을 때 대문 앞에 개가 한 마리 보이던데 아직도 키우시나요?"

"네."

"그럼 바로 그 개 때문입니다."

"네? 술이 안 팔리는 것이 개와 무슨 관계가 있습니까?"

사내가 고개를 갸우뚱거렸어요.

"제가 듣기로 댁의 개는 이 동네에서 가장 사납다고 하더군요. 며칠 전에는 술 심부름을 온 아이의 엉덩이까지 깨물었다지요. 그렇게 사나운 개가 가게 문 앞에 떡하니 버티고 있는데 누가 술을 마시러 오겠습니까?"

그러자 사내는 '옳거니!' 하고 무릎을 쳤습니다. 사내는 집으로 돌아

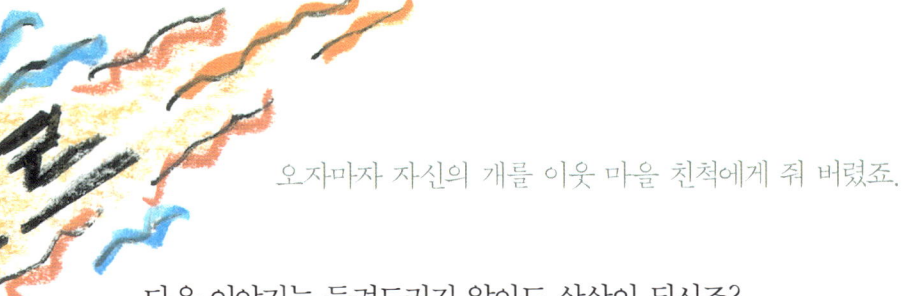

오자마자 자신의 개를 이웃 마을 친척에게 줘 버렸죠.

다음 이야기는 들려드리지 않아도 상상이 되시죠?

맹달 선생님, 물론 전 선생님께서 그럴 분이 아니란 걸 잘 알고 있습니다. 하지만 술집 앞에 사나운 개가 떡하니 버티고 서 있듯, 그 굵고 단단한 높이뛰기 장대가 선생님 곁에 있다는 사실 하나만으로도 아이들은 무서웠던 것입니다. 혹시나 그 장대가 선생님이 체벌을 하는 데 이용되진 않을까 하는 두려움 때문에 아이들이 선생님을 가까이하지 않았던 것이지요. 이처럼 무슨 일이든 그 일을 이루고자 하는 마음은 있으나 준비와 실천이 부족하면 일을 망치게 된답니다."

이 이야기는 『한비자(韓非子)』에 나오는 내용을 각색한 것입니다.

『한비자』
중국 춘추시대의 사상가인 한비가 지은 책.

더 생각해 보기

미국의 기업가이며 애플 사의 창업자인 스티브 잡스는 세계 최초의 개인용 컴퓨터인 '애플1'과, 선풍적인 인기를 끈 '아이폰', 세계 최초의 태블릿PC인 '아이패드'를 연달아 히트시키며 혁신의 전도사로 세상 모든 사람들에게 존경을 받았습니다.

하지만 이처럼 세상을 변화시킨 신제품을 잇달아 개발하여 억만장자가 된 스티브 잡스도 치밀하게 준비를 하지 못해 실패한 제품이 아주 많았다고 해요.

성능은 뛰어났으나 높은 가격 때문에 소비자들에게 외면당한 '넥스트 컴퓨터', 독특한 디자인으로 많은 관심을 끌었으나 컴퓨터 내부의 높은 온도 때문에 실패한 '파워맥 G4큐브', 데이터를 빠르게 전송하는 데 문제가 있었던 'Rokr폰' 등 이루 다 헤아릴 수 없을 정도였죠.

특히, IBM이라는 거대 컴퓨터 회사에 대항하여 만든 컴퓨터 '매킨토시'는 다른 컴퓨터에 비해 그래픽이 우수하고, 손쉽게 사용할 수 있다는 장점이 있었으나, 컴퓨터 운영체제인 '맥'에서 활용할 수 있는 소프트웨어가 부족하다는 문제점이 있었죠. 그런 까닭에 처음의 선풍적인 인기는 점차 줄어들고 급기야 회사는 손해를 보게 되었다고 해요.

매킨토시는 천재적인 디자인과 최고의 성능을 구현한 우수한 제품이었지만, 소비자가 원하는 제품(다양한 소프트웨어를 맘껏 활용할 수 있는 값싼 컴퓨터)은 아니었던 셈이죠. 스티브 잡스의 실패는 결국 소비자의 욕구를 조사하고 제품에 반영하는 준비성이 부족했기 때문에 생겨났던 것입니다.

관련 한자어

狗猛則酒酸不售

구 맹 즉 주 산 불 수

개가 사나우면 술이 잘 팔리지 않고 결국 시큼해져 팔 수가 없다.

狗(개 구)   猛(사나울 맹)   酒(술 주)   酸(식초 산)

이 말은 아무리 맛있는 술을 파는 술집이라도 사나운 개가 가게 문 앞에 떡 하니 버티고 있으면 그 술집은 망하게 된다는 뜻입니다.

여포가 변했어요

진솔 선생님 반의 여포란 아이는 공부는 멀리한 채 매일 나쁜 친구들과 어울려 힘없는 동생들을 괴롭히거나, 운동장을 독차지하며 밤늦게까지 축구만 했다.

6학년이 되어서도 마찬가지였다. 큰 덩치를 앞세워 친구들을 위협하는가 하면 종종 심한 장난을 치곤 해 아이들은 여포라는 이름만 들어도 고개를 절레절레 흔들 정도였다.

그러던 어느 날 아침, 학교로 향하던 여포는 우연히 맞은편 문구점에서 흘러나오는 친구들의 대화를 엿듣게 되었다.

"왜 여포랑 같은 반이 돼서 이 고생이람. 가방 심부름에 돈까지 뜯기고. 어휴, 망나니 같은 녀석!"

"말도 마. 나는 매일 기도까지 한다니까. 여포가 전학 가게 해 달라고."

"나도 그래. 여포가 우리 반에서 사라져만 준다면 더 이상 소원이 없겠어."

순간, 여포는 화가 머리끝까지 치밀어 아이들을 따끔하게 혼내 주고 싶었다. 하지만 등굣길에, 그것도 많은 사람들이 지나다니는 거리에서 그럴 수는 없었다.

'좋아! 집에 갈 때 보자……'

여포는 화를 삭이며 다시 교문으로 향했다.

아침 청소가 끝나고, 수업이 시작되었지만 여포는 이상하게도 선생님 말씀에 집중할 수 없었다. 부글부글 끓어오르던 분노는 어느덧 사라졌지만, 좀 전에 들었던 말들은 끊임없이 머릿속을 맴돌며 자신을 괴롭혔다.

전학 갔으면 좋겠어! 사라졌으면 좋겠어! 전학 갔으면 좋겠어! 사라졌으면 좋겠어! 전학 갔으면 좋겠어! 사라졌으면 좋겠어!

'어휴! 왜 이러지?'

여포는 두 눈을 질끈 감으며 머리를 세차게 흔들었다. 하지만 그럴수록 그 소리는 더욱더 크고 또렷하게 자신의 귀를 파고들었다.

'얼마나 싫었으면 애들이 저런 말을 하는 걸까? 그것도 한둘이 아니잖아……'

그날 오후, 진솔 선생님이 잠시 교실을 비우자 여포는 용기 내어 교탁 앞으로 나갔다.

"흠흠……, 얘들아, 내 말 좀 들어 봐. 그, 그러니까…… 그동안 내가 너무 심했던 것 같아. 앞으로 너희들을 괴롭히거나 실망시키지 않을게. 믿어 줘. 진심이야……."

하지만 그 누구도 여포의 말을 귀담아듣지 않았다.

여포는 자신의 결심을 행동으로 보여 주려는 듯 식판 정리를 하고, 화분에 물도 주었으며, 방과 후엔 당번이 아님에도 불구하고 교실 청소까지 도왔다. 그러나 이번에도 역시 여포의 행동을 칭찬하거나 반겨 주는 아이는 없었다. 결국 크게 실망한 여포는 텅 빈 화장실로 달려가 소리 내어 훌쩍이기 시작했다.

그때였다.

누군가가 여포 앞으로 다가서더니, 울먹이는 여포를 살포시 끌어안는 것이었다.

"여포야, 여기서 뭐 하니?"

고개를 돌려 보니 진솔 선생님이었다.

"선생님, 전 제 힘만 믿고 아이들을 매일 괴롭혔어요. 이제 반성하고 달라지려 하는데 이번엔 아이들이 절 용서해 주지 않아요. 그게 너무 괴로워요. 흑, 흑……."

여포의 얼굴은 눈물과 콧물이 뒤범벅되어 차마 눈 뜨고 볼 수 없을 지경이었다.

"그래. 유비가 이야기해 주더구나."

진솔 선생님은 주머니에서 손수건을 꺼내 여포의 얼굴을 닦아 주었다.

"여포야, 옛날 중국 진나라에도 너처럼 새로운 사람이 되고자 노력한 한 사내가 있었단다.

그 사내의 이름은 주처였어. 주처의 아버지는 동오에서 태수라는 높은 벼슬을 지냈으나, 불행히도 주처가 열 살이 되던 해 그만 세상을 떠나고 말았지. 주처는 아버지가 돌아가시자 마을을 어슬렁거리며 술을 마시거나 다른 사람과 싸우는 등 불량한 생활로 하루하루를 보냈어. 주처는 덩치가 크고 힘도 세서 보통 사람들은 어찌할 수가 없었지. 거기에 성질마저 포악해 걸핏하면 사람들을 때렸기 때문에 마을 사람들은 모두 그를 두려워했어.

"주처는 전혀 쓸모없는 인간이야. 사람을 마구 해치는 호랑이, 아랫마을 연못에 사는 교룡, 그리고 우리 마을 최고의 사고뭉치 주처! 이 셋만 사라진다면 얼마나 살기 좋을까."

사람들은 매일 이렇게 수군거렸지.

교룡
뱀처럼 생긴 용.

그런데 하루는 주처가 이 말을 듣게 되었단다.

"아, 내가 정말 잘못 살았구나. 이제부터라도 지난 잘못을 고쳐 새로운 사람으로 거듭나야겠어……."

다음 날 주처는 동네 사람들에게 자신의 생각을 밝혔으나, 아무도 그의 말을 믿지 않았어.

"그래, 내가 호랑이와 교룡을 없애면 사람들은 날 좋아하게 될 거야!"

주처는 칼을 들고 산으로 올라가 호랑이를 잡아 죽였지. 그리고 다

시 아랫마을 연못에 뛰어들어 교룡과 싸움을 벌였는데 무려 삼 일 밤낮이나 마을로 돌아오지 못했단다. 그렇게 주처가 교룡과 싸우는 동안, 마을 사람들은 주처가 교룡에게 잡아먹혔다고 생각했어. 그런데 주처가 교룡을 죽이고 마을로 돌아오자, 사람들은 기뻐하기는커녕 실망하는 기색을 보였단다.

하지만 주처는 결코 실망하지 않았어.

"내가 아직 배움이 부족해서 그런 거야. 현인을 찾아가자!"

주처는 그 길로 곧장 대(大)학자 육기와 육운 형제 밑으로 들어가 공부를 시작했어.

"굳은 의지로 지난날의 잘못을 고치도록 노력하게. 그렇게만 한다면 자넨 분명 위대한 성인이 될 거야."

육기 형제는 이렇게 매일 주처를 격려해 주었어.

그로부터 10년 후, 주처는 결국 전국에서 알아주는 유명한 학자가 되었단다. 그리고 고향으로 돌아왔을 때, 마을 사람들은 그를 뜨겁게 환영해 주었지.

여포야, 주처의 이야기처럼 난 지난 잘못을 뉘우치고 새롭게 태어나려는 네 용기가 무척 대단해 보이는구나. 하지만 예전 네 모습을 아이들의 머릿속에서 완전히, 그것도 당장 지운다는 건 결코 쉬운 일이 아니란다. 따라서 지금 네가 해야 할 일은 이렇게 화장실에서 울고 있을 게 아니라 교실로 돌아가 새로운 너의 모습을 꾸준히 보여 주는 걸 거야. 그래야 아이들도 네 진심을 알게 될 거고, 결국 널 믿고 용서해 주지 않겠니? 그땐 아마 너무 기뻐서 눈물이 날걸. 자, 그러니 울음은 뚝 그치고 선생님이랑 같이 교실로 가자꾸나."

여포는 그제야 눈물을 그치며 밝은 얼굴로 고개를 끄덕였다.

『진서』
중국 진나라의 이야기를 담은 책.

이 이야기는 『진서』에 나오는 내용을 각색한 것입니다.

관련 한자어

智者改過而遷善, 愚者恥過而遂非

지 자 개 과 이 천 선,   우 자 치 과 이 수 비

지혜로운 사람은 허물을 고쳐 착하게 되지만,

어리석은 사람은 허물을 부끄럽게 여겨 잘못된 길로 나아간다.

改(고칠 개)   過(지날 과)   遷(옮길 천)   善(착할 선)
愚(어리석을 우)   恥(부끄러울 치)   過(지날 과)   非(아닐 비)

공자는 '잘못된 실수를 고치지 않는 것이 가장 큰 잘못이며, 잘못을 알았으면 반드시 고쳐라.'라고 말했지요. 지난날의 잘못을 고쳐 착한 사람으로 다시 태어나겠다는 굳은 다짐이야말로 존경받는 사람이 되기 위한 첫걸음 아닐까요?

수레를 고치듯이

6학년 수련회가 있던 날, 목적지에 도착한 아이들은 각종 캠프시설이 마련된 숙소까지 직접 배낭을 메고 걸어가고 있었다. 그렇게 봄꽃 향기 그윽한 오솔길을 걷는 아이들의 얼굴은 수련회에 대한 기대감으로 한껏 들떠 있었는데 유독 장비와 초선이의 얼굴만 어두워 보였다. 사연은 이러했다.

초선이와 장비, 관우 이렇게 셋은 이번 수련회에 장기자랑 용품을 각자 나누어 챙겨오기로 했다. 출발하기 전 서로 준비물을 잘 챙겨 왔는지 살펴보던 중 초선이가 장비의 준비물을 보더니 제대로 챙겨 오지 않았다며 버럭 소리를 지르고 말았다. 하지만 장비가 빠뜨렸다고 생각한 그 물건은 관우가 챙기기로 했던 거였다. 장비는 자신을 믿어 주지 않은 초선이에게 화가 났고, 초선이는 미안한 마음에 어쩔 줄 몰랐다.

그렇게 어색한 분위기로 숙소를 향해 걷던 중 길 앞에 나이 지긋한 농부 아저씨가 수레를 고치고 있는 모습이 보였다. 가파른 언덕길을 내려오다 그만 바퀴가 돌부리에 걸려 양쪽 바퀴를 연결하는 축이 부러져 버린 것이다. 농부 아저씨는 어디서 구했는지 똑같은 길이의 축을 두 개 더 가지고 있었는데 하나는 너무 굵어 바퀴의 연결 구멍에 들어가지 않았고, 하나는 너무 가늘어 바퀴를 끼워도 빙빙 겉돌기만 했다.

그 장면을 본 진솔 선생님은 아이들을 잠시 나무그늘에 쉬게 한 다음 농부 아저씨에게로 다가갔다.

"제가 좀 도와드릴까요?"

"마음은 고맙지만 바퀴축이 바퀴와 맞지 않으니 고치는 건 불가능합니다……."

농부 아저씨는 한숨을 내쉬며 고개를 절레절레 흔들었다.

"그래도 한번 맡겨 주십시오."

"뭐, 정 그러시다면……."

농부 아저씨가 뒤로 물러나자, 진솔 선생님은 곧장 수레 앞으로 다가서더니 먼저 굵기가 가는 축을 집어 들었다.

"그걸 끼우면 바퀴가 헛돌기만 할 거요."

진솔 선생님은 농부 아저씨의 말에 아무런 대꾸도 없이 곧장 수레의 아랫부분에 굵기가 가는 축을 연결했다. 그리고 땅에 놓인 바퀴를 들어 올려 축의 양끝에 끼웠다.

"장비야, 수레가 움직이지 않도록 손잡이 좀 잡고 있으렴."

"네, 선생님."

장비가 수레를 잡고 있는 동안 진솔 선생님은 비탈진 곳에 널려 있는 작은 나뭇가지들을 주워 왔다. 그리고 그 나뭇가지들을 잘게 자르더니, 이번엔 축과 바퀴가 연결된 구멍의 남은 틈새를 빈틈없이 꽉 메우는 것이었다.

잠시 후 두 바퀴가 작은 축에 완전히 고정되자, 그제야 진솔 선생님은 자리에서 일어났다.

"자, 다 됐습니다. 한번 밀어 보시지요."

"네? 고치셨다고요?"

농부 아저씨가 고개를 갸웃거리며 수레를 힘껏 밀자, 오! 놀랍게도 수레가 자연스레 움직이기 시작하는 것이었다. 순간, 이 장면을 숨죽이며 지켜보고 있던 아이들이 환호성을 지르며 박수를 쳤다. 그제야 농부 아저씨도 진솔 선생님에게 다가와 고맙다며 몇 번이고 고개 숙여 인사를 했다.

농부 아저씨가 떠나자, 진솔 선생님이 아이들을 불러 모으시더니 대뜸 이렇게 물으셨다.

"여러분, 나라를 다스리는 데 가장 필요한 게 뭘까요?"

갑작스런 질문에 아이들은 서로의 얼굴을 바라보며 고개만 갸웃거렸다.

"군대 아닌가요? 용감한 군인이 많아야 적으로부터 나라를 지킬 수 있을 테니까요."

"옳지. 또 다른 의견은?"

더 이상 손을 드는 아이는 없자 진솔 선생님이 기다렸다는 듯 이야기 한 편을 들려 주었다.

옛날 공자의 제자 자공이 선생님과 똑같은 질문을 공자에게 던졌어요.

"왕이 나라를 다스리는 데 가장 필요한 것은 무엇입니까?"

그러자 공자가 대답했죠.

"첫째는 먹는 문제를 해결하는 것이고, 둘째는 나라를 지키는 병사

를 훈련시키는 것이며, 셋째는 백성들에게 신뢰를 쌓는 것이란다."
그러자 자공이 다시 물었어요.
"스승님, 그중에서 하나를 빼야 한다면 어떤 것을 가장 먼저 빼야 할까요?"
"그야 병사를 훈련시키는 것이지."
"그럼, 또 하나를 빼야 한다면요?"
"먹는 문제를 해결하는 것이란다. 자공아, 나라를 다스리는 데 가장 필요한 것은 바로 신뢰란다. 먹을 것도, 병사를 훈련시키는 것도 물론 중요하겠지만, 백성들의 신뢰를 잃으면 나라 전체가 위태로워지기 때문이지. 백성들이 왕과 그 신하를 믿고 따른다면 먹을 것은 반드시 생겨나고, 병사는 날로 강해질 거야."

진솔 선생님의 말씀이 다시 이어졌다.
"여러분, 공자님의 이야기처럼 자신과 친구 사이에 신뢰가 없다면 결코 친구의 마음을 움직일 수 없답니다. 그건 마치 축과 바퀴 사이에 약간의 틈이 있어도 수레가 움직이지 않는 것과 마찬가지죠. 자신을

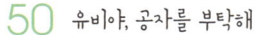

사랑하듯 진심으로 친구를 이해하고 감싸 줄 수 있을 때, 비로소 친구의 마음이 움직인다는 사실을 오늘 이 수레의 교훈을 통해 꼭 기억해 두었으면 해요."
"네, 선생님!"
깊은샘 반 아이들은 한목소리로 우렁차게 대답했다.

이 이야기는 『논어(論語)』에 나오는 내용을 각색한 것입니다.

『논어』
중국 춘추시대의 사상가인 공자와 그 제자들의 대화를 기록한 책.

더 생각해 보기

여러분들은 친구가 몇 명이나 있나요? 그냥 가까운 친구 말고 내가 어려움에 처했을 때 손해나 위험을 두려워하지 않고 나를 도와줄 수 있는 그런 '참된 친구' 말입니다.

자, 눈을 감아 보세요. 그리고 머릿속에 떠오르는 친구들의 얼굴을 하나씩 그려 봅시다. 그중에서 나 때문에 손해를 봐도 전혀 아까워하지 않을 것 같은, 나를 위해서라면 뭐든지 다 할 수 있을 것 같은 그런 친구의 얼굴이 떠오르나요? 잘 떠오르지 않아도 너무 걱정하지 마세요. 여러분들은 아직 어리니 앞으로 참된 친구를 만들 기회가 아주 많을 거예요.

선생님은 두 딸의 아버지이기도 한데요, 친구 문제로 상담을 할 때마다 이런 말을 들려준답니다.

"다은아, 네가 참된 친구로 인정받고 싶다면 친구들을 위해 좀 더 베풀고, 좀 더 친절하게 대해 봐. 그렇게 하다 보면 친구들은 그런 너의 모습에 감동하게 될 테고, 넌 분명 소중한 친구로 인정받게 될 거야. 물론 그 마음엔 진심이 담겨 있어야겠지. 아빠 말, 무슨 뜻인지 알겠니?"

참고로 우리 옛 조상들은 '참된 친구를 한 명이라도 만들면 그 사람은 성공한 것이다.'라고 말씀하셨대요.

관련 한자어

人而無信 不知其可也

인 이 무 신 부 지 기 가 야

大車無輗 小車無軏 其何以行之哉

대 거 무 예 소 거 무 월 기 하 이 행 지 재

사람이 되어 신의가 없다면 그가 무엇을 할 수 있겠는가?

큰 수레에 수레 모는 사람이 없고, 작은 수레에 멍에막이가 없으면 그 수레가 어찌 움직일 수 있겠는가?

信(믿을 신) 知(알 지) 車(수레 거) 軏(멍에막이 월)

이 말은 수레 모는 사람이 믿음직하고, 멍에막이가 제대로 달려 있어야 수레를 원하는 방향으로 움직일 수 있듯, 친구 사이에도 진정한 믿음이 있어야 깊은 우정을 나눌 수 있다는 뜻입니다.

멍에막이
수레나 쟁기를 끌기 위해 말이나 소의 목에 얹는 구부러진 막대를 거는 곳.

나쁜 친구, 좋은 친구

진솔 선생님은 친구에 관한 이야기를 할 때마다, 자신의 이야기에 귀 기울이는 아이들에게는 '나쁜 친구'에 관한 이야기를, 그다지 귀 기울이지 않는 아이들에게는 '좋은 친구'에 관한 이야기를 들려주었다.

이것을 이상하게 여긴 맹달 선생님이 어느 날 진솔 선생님을 찾아가 물었다.

"진솔 선생님, 말 잘 듣는 아이들에게 좋은 친구에 관한 이야기를, 말을 잘 안 듣는 아이들에게는 나쁜 친구에 관한 이야기를 들려주시는 게 옳은 것 아닌가요?"

그러자 진솔 선생님이 고개를 설레설레 가로저었다.

"맹달 선생님, 선생님께선 좋은 사람과 나쁜 사람 중 어떤 사람이 더 많다고 생각하십니까?"

"음, 그게…… 마음 같아선 정직하고 남을 도울 줄 아는 좋은 사람들이 많았으면 좋겠지만 요즘은 자기만 생각하고, 자기보다 못한 사람들을 무시하는 그런 나쁜 사람들이 더 많은 것 같네요……."

맹달 선생님이 안타까운 듯 말끝을 흐렸다.

"맞습니다. 역시 선생님은 세상을 꿰뚫어보는 밝은 눈을 가지셨군요."

"밝은 눈이요? 하하하! 사실 제 시력이 양쪽 다 2.0이에요. 근데, 제 눈이 좋다는 건 어떻게 아셨습니까?"

진솔 선생님은 맹달 선생님의 무식함에 다시 한 번 놀랐지만 겉으로 내색하지 않았다. 대신 책상 위에 놓인 『한비자』란 책을 바라보며 말을 이었다.

"어느 나라든 경제가 어렵거나 정치가 어수선한 시기는 항상 있기 마련이죠. 사마염이 세운 진나라 역시 마찬가지였습니다.

진나라가 혼란스러워지자, 조정에서는 신하들끼리의 싸움이 끊이지 않았고 결국 나라의 살림을 맡고 있었던 중행문자는 동료 신하의 모함을 받아 이웃 나라로 도망을 가야만 했습니다.

중행문자를 태운 마차가 어느 마을 앞에 다다랐을 때, 말을 몰던 시종이 이렇게 말했지요.

"주인님, 주인님은 이 마을 현감님과 절친한 사이가 아니옵니까? 그분께 도움을 청하는 건 어떨는지요."

하지만 중행문자는 단호히 고개를 가로저었습니다.

"아니다. 더욱더 빨리 말을 몰아 이 고을을 빠져나가야 한다. 그는 내가 음악을 좋아한다고 하니 곧장 비싼 악기를 보내 주었고, 내가 기

현감
작은 마을의 우두머리 벼슬아치.

생에게 줄 보석이 필요하다고 하니 망설이지 않고 자기 딸의 금반지를 건네주었다. 그는 나의 잘못을 충고하려 하지 않고, 항상 나의 기분만 맞춰 주려고 힘썼다. 나는 그가 나를 쫓는 사람의 기분을 맞추기 위해 나의 위치를 알려 주지나 않을까 겁이 나는구나."

중행문자는 이렇게 말하고는 더욱더 급히 말을 몰아 그 마을을 벗어났다고 합니다.

맹달 선생님, 이처럼 경제가 어렵거나 사회가 혼란스러울수록 남에게 잘 보이려고 하거나, 뇌물을 써서 이익을 얻으려는 그런 나쁜 사람들의 수가 점점 더 늘어나는 법이랍니다. 그래서 전 제 이야기에 귀 기울이는 학생들에게는 나쁜 사람에 관한 이야기를 먼저 들려주는 것이지요. 물론, 이런 저의 모습이 안타깝기도 하지만 말입니다."

이 이야기는 『한비자』에 나오는 내용을 각색한 것입니다.

더 생각해 보기

재상
왕을 돕는 최고책임자.

독일의 <mark>재상</mark> 비스마르크가 한번은 친구와 사냥을 나갔어요. 그런데 정신없이 사냥감을 쫓던 중 친구가 그만 늪에 빠지고 말았어요. 친구는 늪에서 빠져나오려고 발버둥을 쳤지만 그럴수록 몸은 더욱 깊이 빠져들었습니다.

비스마르크는 재빨리 주위에 있는 막대기를 주워 친구에게 내밀었죠. 하지만 막대기는 친구의 손에 닿지 않았고, 친구는 결국 목숨을 포기한 듯 옴짝달싹하지 않았어요. 그 순간, 비스마르크가 허리춤에 차고 있던 총을 빼내더니 친구를 겨냥하며 이렇게 소리쳤습니다.

"벌써 포기하다니! 그래, 어차피 죽을 목숨, 차라리 내 손에 죽게나."

비스마르크의 갑작스런 행동에 놀란 친구는 총을 피하려고 이리저리 몸을 움직이기 시작했어요. 그 덕분에 친구는 비스마르크가 내민 막대기를 잡을 수 있었고, 결국 늪에서 빠져나올 수 있었죠.

친구의 생명을 구한 비스마르크의 이야기처럼, 참다운 우정이란 값진 보석과도 같은 것입니다. 비밀스러운 고민을 맘껏 털어놓을 수 있고, 때론 멋진 라이벌이 되어 자기 발전의 활력소가 되어 주는 친구야말로 이 세상에서 가장 소중한 재산이기 때문입니다.

물론 무조건 상대를 배려하고 친절하게 대해 준다고 해서 좋은 친구가 되는 것은 아니랍니다. 상대방이 옳지 않은 길로 가거나 잘못된 생각을 했을 때는 따끔한 충고의 말을 들려줄 수 있는 친구, 그런 사람이 진짜 좋은 친구인 것이지요. 이 글을 읽는 여러분들 모두 그런 보물 같은 친구가 되었으면 좋겠습니다.

관련 한자어

患難之交是最重要的
환 난 지 교 시 최 중 요 적

어려움이 닥쳐와 걱정거리가 많을 때,
나를 피하지 않고 오히려 자기 일처럼 도와주는 친구가 진짜 친구다.

患(근심 환)   難(어려울 난)   之(갈 지)   交(사귈 교)

어떤 친구가 나에게 도움을 주는 친구이고, 어떤 친구가 그렇지 않은가를 따지기 전에 내가 먼저 어려움에 처한 친구를 자기 일처럼 도와주면 어떨까요?

젖은 나무에 불붙이는 방법

라일락이 활짝 꽃망울을 터뜨린 4월의 어느 날, 맹공초등학교 운동장에서 아람단 선서식이 열렸다. 공식행사가 모두 끝나고, 드디어 모닥불 놀이의 시작을 알리는 방송이 흘러나오자 운동장은 하늘을 찌를 듯한 함성으로 가득했다.

그런데 갑자기 소나기가 퍼붓기 시작해 운동장 한가운데에 모아놓은 장작더미가 그만 축축이 젖고 말았다.

'이 일을 어쩐담……'

다행히 비는 그쳤지만 진행을 맡은 선생님들은 젖은 나무 때문에 근심이 가득했다.

"자, 이제 모닥불 점화식이 있겠습니다. 아람단 대장은 모아 놓은 나무에 불을 붙여 주십시오."

사회를 맡은 학생의 말이 떨어지자, 올해 아람단 대장이 된 관우는 손에 든 나뭇가지 끝에 불씨를 만들어 운동장 한가운데에 있는 장작더미 속으로 던져 넣었다. 그렇게 여러 번 반복했지만 불은 도무지 붙을 생각을 하지 않았다.

'젖은 나뭇가지에 불이 붙을 리가 없지……. 오늘 행사는 완전히 망쳤구나…….'

조회대 옆에 서서 이 장면을 지켜보고 있던 교장 선생님은 체념한 듯 고개를 아래로 툭 떨어뜨렸다. 그때였다.

"관우야, 그렇게 성급하게 불씨를 던지면 불이 붙지 않는단다."

진솔 선생님의 목소리였다.

운동장 가운데로 달려온 진솔 선생님은 먼저 장작더미 속을 유심히 살펴보았다. 그리고 가는 나뭇가지에 충분히 불을 붙인 다음 그 안으로 조심스레 집어넣기 시작했다. 그렇게 몇 차례 되풀이하자, 쌓인 나뭇가지에 불씨가 하나둘 옮겨 붙기 시작하더니 순식간에 아주 크고 멋진 불꽃이 피어올랐다.

"굉장해요! 젖은 나무에 불이 붙다니……."

옆에서 이를 지켜보던 관우가 도무지 믿기지 않는다는 듯 동그래진 눈으로 말했다.

"다행히 빗물이 스며들지 않은 부분이 있더구나."

진솔 선생님이 촛불을 손에 든 채 흥겨워하는 학생들을 바라보며 환한 미소를 머금었다.

"관우야, 네가 이번에 아람단 대장이 되었지?"

진솔 선생님이 조회대 쪽으로 걸음을 옮기며 이렇게 물었다.

"네. 부족한 게 많지만 열심히 해 볼 생각이에요."

"그래. 대장은 대원 전체를 이끌어야 하는 아주 중요한 자리지. 특히 대원들의 마음을 하나로 모으기 위해서는 많은 노력이 필요할 거야. 그럴 때면 좀 전에 내가 불을 붙이던 방법을 떠올려 보렴. 불씨가 되는 작은 나뭇가지에 충분히 불이 붙어야 큰 불을 피울 수 있듯이, 네가 먼저 친구들을 사랑하고 배려하는 마음을 가져야만 친구들의 마음이 움직인다는 사실을 말이야. 그렇게 네 자신의 진실한 마음을 아낌없이 대원들에게 보여

줌으로써 그들을 감동시키는 것, 그것이 바로 올바른 리더의 모습이란 걸 결코 잊지 말았으면 좋겠구나."

이 이야기는 『논어』에 나오는 내용을 각색한 것입니다.

더 생각해 보기

브라질의 룰라 대통령을 아시나요?

2010년 그가 대통령 임기를 무사히 끝마치고 평범한 국민으로 돌아가자 많은 사람들이 그를 축복하며 감사의 눈물을 흘렸다고 해요. 퇴임 전 실시한 설문조사에서는 무려 87퍼센트라는 높은 지지율을 보여 전 세계 사람들을 깜짝 놀라게 만들었죠. 그렇다면 룰라 대통령은 어떻게 국민들에게 그토록 큰 사랑과 존경을 받게 되었을까요?

룰라는 가난한 농촌 마을에서 여덟 남매 중 일곱 번째로 태어났어요. 어려운 집안 형편 때문에 열 살이 되어서야 초등학교에 들어갈 수 있었지만, 결국 4학년 때 그만두어야 했죠. 그 후 상파울루의 거리에서 구두닦이, 노점상인, 금속공장 기술자 등으로 일하다 왼쪽 새끼손가락을 잃는 사고를 당하기도 했답니다.

1975년 노조 위원장에 당선된 그는 노동자들의 요구에 귀 기울이며 자신의 모든 것을 가난한 사람들의 행복을 위해 헌신했어요. 그렇게 불쌍한 사람들의 생활을 돕고, 다양한 복지정책에 깊은 관심을 보인 결과, 룰라는 2002년 국민들의 열렬한 응원을 받아 결국 대통령에 당선되었습니다. 대통령이 되어서도 "가난한 사람들에게 희망을 주는 것이 모든 정책의 최우선이다."라고 말했을 정도로 형편이 어려운 사람들을 위해 아낌없는 노력을 쏟아 부었다고 합니다.

국민들이 룰라 대통령을 그토록 사랑한 것은 그들의 고통과 아픔을 누구보다도 잘 알아주고, 그들과 함께 어울려 아파하고 눈물 흘림으로써 그들에게 진정한 지도자의 모습을 보여 주었기 때문이에요.

상파울루
브라질에 위치한 도시 이름.

노조 위원장
노동 단체를 이끌어 가는 사람.

복지정책
행복한 삶을 살게 하는 방법.

학급을 이끌어 가는 회장이나 부회장 역시 마찬가지입니다. 학급의 문제점이나 학생들의 고민을 적극적으로 찾아 해결하려는 심부름꾼으로서의 참된 모습을 보일 때, 학생들은 비로소 그들을 학급의 대표로서 믿고 따르게 될 것입니다.

관련 한자어

修身 齊家 治國 平天下
수신 제가 치국 평천하

修己治人 舍己從人
수기치인 사기종인

修身者 先正其心
수신자 선정기심

자기 몸을 수양한 후에 집안을 바르게 하고, 그 후에 나라를 다스리고, 그 후에 세상을 평안하게 해야 한다.

자신을 수양하고 난 다음 남을 다스린다.

배움을 얻고자 하는 사람은 먼저 그 마음을 바르게 해야 한다.

이 말은 자신의 몸과 마음을 갈고닦은 후에 남을 다스린다는 뜻으로, 스스로 열심히 공부하여 존경받는 사람이 되어야만 남들을 이끌 수 있는 자격을 얻게 된다는 말입니다.

타시불타이면 불타시타라

도형에 관한 수업이 한창 진행되고 있을 때였다. 다른 아이들은 열심히 선생님의 설명을 듣고 있는데, 조조 혼자만 눈에 띄게 장난을 치는 것이었다. 조조는 공부는 잘했지만 잔꾀가 많고 잘난 척을 잘하는 편이라 친구들이 그다지 신뢰하지 않는 아이였다.

진솔 선생님은 잠시 수업을 중단하더니, 조조 옆으로 걸어갔다.

"조조야, 너 지금 뭐 하고 있니?"

진솔 선생님이 묻자, 조조는 자세를 똑바로 고쳐 앉으며 이렇게 시치미를 뚝 떼는 것이었다.

"공부를 하고 있었습니다."

"뭐? 장난을 친 게 아니고?"

"어휴, 선생님도. 옛말에 학시불학(學是不學)이면 불학시학(不學是學)이란 말이 있잖아요. '공부를 한다 함은 공부를 하지 않는 것과 같은 것이고, 공부를 하지 않는다 함은 공부를 한다는 것과 같은 것이다.' 설마 처음 듣는 말은 아니시겠죠?"

말을 끝맺은 조조는 보란 듯 주위 친구들을 향해 손가락으로 브이(V) 자를 날렸다.

'요 녀석이……'

진솔 선생님은 잠시 주위를 두리번거리더니 관우의 책상 위에 놓인 자를 집어 들어 조조의 책상을 크게 내리쳤다.

"억! 아이쿠, 깜짝이야!"

큰 소리에 깜짝 놀란 조조는 인상을 잔뜩 찡그렸다. 그제야 진솔 선생님은 들고 있던 자를 내려놓았다.

"그럼 이 말도 알겠구나. 타시불타(打是不打)이면 불타시타(不打是打)니라. 즉 때린다 함은 때리지 않는 것과 같은 것이요, 때리지 않는다 함은 때리는 것과 같은 것이니라."

조조는 비로소 입을 쏙 다물고 말았다. 어젯밤에 읽은 책의 내용을 진솔 선생님도 알고 계신 게 분명했다. 그 책의 내용은 대충 이러했다.

시주
중이나 절에 아무 대가를 바라지 않고 물건을 베풀어 주는 일.

합장
두 손바닥을 마주 합침.

나이 지긋한 한 선비가 평소 시주를 많이 하고 있는 절을 찾았다. 모든 중들이 일어나서 그에게 인사를 하는데, 젊은 중 하나가 도무지 자리에서 일어나지 않는 것이었다. 이를 이상하게 생각한 선비가 젊은 중에게 다가가 물었다.

"으흠, 그대는 무슨 이유로 일어나지 않는 것이오?"

그러자 젊은 중은 눈을 감고 꼿꼿이 앉은 채로 합장하며 말했다.

"기시불기 불기시기(起是不起 不起是起)라 하였습니다. 이 말은 일어난다 함은 일어나지 않는 것과 같은 것이요, 일어나지 않는다 함은 일어나는 것과 같은 것이라는 뜻입니다. 제가 비록 지금 일어나지 않았으나 그것은 또한 일어난 것과 마찬가지이지요."

이 말을 들은 선비는 잠시 생각에 잠기더니, 옆에 있던 선장을 들어 젊은 중의 머리를 사정없이 내리쳤다.

"억, 아이쿠!"

갑자기 매를 맞게 된 젊은 중은 비명을 지르면서 자리에서 벌떡 일어났다.

"왜 때리시는 겁니까! 제가 무슨 잘못을 했단 말입니까!"

선장
> 스님의 지팡이.

젊은 중이 사나운 맹수처럼 으르렁거리자, 선비가 그제야 조용히 입을 열었다.

"그럼 타시불타 불타시타(打是不打 不打是打)라는 말도 아시겠군요. 때린다 함은 때리지 않는 것이요, 때리지 않는다 함은 때리는 것과 같은 것이라는 뜻이지요."

진솔 선생님이 빙긋이 미소를 머금으며 말했다.
"조조야, 진정으로 많이 아는 사람은 어려운 말도 쉽게 풀어서 사용한단다. 어리석은 사람의 가장 큰 특징이 뭔지 아니?"
"뭔가요, 선생님?"
조조가 그제야 자세를 고쳐 앉고 초롱초롱한 눈빛으로 물었다.
"그건 자기가 부족하다는 것조차 모르는 거란다. 그러기에 조금만 알아도 많이 아는 것처럼 마구 떠들어 대지. 내가 방금 책상을 때린 것은 너의 그런 못난 모습을 스스로 깨닫고 반성하길 원했기 때문이야. 어때? 선생님 말, 이해할 수 있겠니?"

이 이야기는 『반야심경(般若心經)』에 나오는 내용을 각색한 것입니다.

『반야심경』
불교의 가르침을 담은 책.

> 더 생각해 보기

　선생님 반에도 공부를 잘한다고, 부모님의 재산이 많다고, 지식이 풍부하다고 마구 우쭐대는 학생들이 있습니다. 어른들 중에서도 어려운 한자어나 영어를 군데군데 섞어 사용하면서 상대를 기죽이려는 사람들을 종종 볼 수 있지요. 이런 사람을 만나면 정말 별꼴이 반쪽이라는 생각이 들어 밥맛이 뚝 떨어집니다.

　선생님은 아이들을 가르치다 보니 책을 많이 읽게 되는데요, 역시 가장 마음에 드는 글은 자신의 경험이나 생각을 아주 진솔하게 풀어 쓴 글입니다. 특히 그런 글들은 마치 올챙이처럼 살아 꿈틀대며 선생님의 머릿속을 헤집고 돌아다니다 결국 가슴 한 곳에 잔잔한 감동으로 자리 잡죠.

　선생님에게 감동을 준 글에는 또 한 가지 공통점이 있는데요. 그건 바로 '어렵지 않다'는 것입니다. 자신이 남들보다 많이 알고 있다거나, 혹은 글쓰기 재능이 뛰어나다는 것을 절대로 뽐내지 않는다는 거죠. 그건 글쓴이의 지식과 재능의 수준이 낮아서가 아니라, 읽는 이의 수준을 고려하는 따스한 마음이 담겨 있기 때문일 거예요.

　「진솔 선생님과의 만남」 편에서도 이야기했듯 자신을 낮추면 낮출수록 오히려 자신이 더욱 빛나는 법입니다. 또한 상대방을 높이면 높일수록 자신이 더욱 돋보이는 법이지요. 이러한 것들은 오랜 세월이 흘러도 결코 변치 않을 소중한 진리랍니다.

관련 한자어

色卽是空 空卽是色
색 즉 시 공   공 즉 시 색

세상 모든 것이 곧 비어 있는 것과 같고, 비어 있는 것이 곧 세상 모든 것과 같다.

色(색 색)   **卽**(곧 즉)   **是**(이 시)   **空**(빌 공)

세상의 그 어떤 아름다운 것들도 언젠가는 사라지기 마련입니다. 인간 역시 마찬가지겠죠. 그러니 사는 동안 돈이나 명예에 너무 욕심을 내거나 집착해서는 안 되겠습니다.

한 달 치 간식을 한번에 다 준 이유

봄 운동회가 성황리에 끝난 다음 날 오후, 진솔 선생님과 맹달 선생님이 높은산 반 교실에 모여 가벼운 대화를 나누고 있었다. 그때 교무실에서 긴급회의가 열린다는 방송이 흘러나왔다.

회의에 참석하기 위해 교실을 나서려는 순간, 유치원 선생님이 잠시 봐 달라고 부탁한 여자아이가 갑자기 멈칫거리며 큰 소리로 울기 시작했다.

"현아야, 왜? 선생님이랑 같이 교무실에 가는 게 싫어? 걱정 마. 금방 다시 돌아올 거야."

맹달 선생님이 부드러운 목소리로 달래 보았지만 현아는 울음을 그치지 않았다.

"우리 현아, 착하지. 까꿍~."

"자꾸 울면 경찰 아저씨 부른다."

"현아야, 조금 있다 놀이터에 데려갈게. 그러니까 제발 그쳐. 응?"

그렇게 칭찬도 하고, 고함도 쳐 보았지만 현아의 울음은 결코 멈출 줄 몰랐다. 회의에 우는 아이를 데려갈 수는 없는 노릇, 그때 맹달 선생님의 머릿속에 멋진 생각이 떠올랐다.

맹달 선생님은 출입문 옆에 있는 캐비닛으로 달려가 '짜잔~.' 하고 캐비닛 문을 열었다. 그 속에는 온갖 맛있는 과자들이 잔뜩 들어 있었다.

"현아야, 이 과자 보이지? 진솔 선생님도 먹고 싶어 할 만큼 엄청 맛있는 거란다. 네가 울음을 그치면 교무실에 다녀와서 이거 다 줄게. 어때?"

그러자 현아는 거짓말처럼 울음을 뚝 하고 그쳤다.

"하하하! 역시 아이들은 과자에 약하군요. 빨리 가시죠. 진솔 선생님."

그제야 두 사람은 현아를 데리고 교무실로 향할 수 있었다. 회의가 끝난 후, 맹달 선생님이 교실로 돌아와 보니, 이럴 수가! 먼저 돌아온 진솔 선생님이 정말 캐비닛 속에 든 과자를 모두 현아에게 주는 것이었다.

그 모습을 본 맹달 선생님은 깜짝 놀라 진솔 선생님에게로 달려갔다.

"아니, 선생님, 지금 뭐 하시는 겁니까?"

"보다시피 약속을 지키고 있는 중입니다."

그러자 맹달 선생님은 가슴을 탕탕 쳤다.

"진솔 선생님! 그건 저 아이를 달래기 위해서 한 말인데 정말 다 주시면 어떡해요? 이 과자는 우리 반 아이들 주려고 제 돈으로 산 거란 말입니다!"

그리고 현아에게로 다가가 히죽히죽 웃으며 말했다.

"아이고, 우리 착한 현아~. 선생님이 좀 전에 과자를 다 준다고 한 건 말이야, 널 달래기 위해서였어. 그러니까 이 초콜릿 먹으면서 유치원 선생님 기다리자. 알겠지?"

그리고 현아의 품에 안긴 과자를 하나둘 빼내기 시작했다. 순간, 현아가 다시 울음을 터뜨렸다.

"으아아앙!"

"혀, 현아야……. 어휴, 요 녀석이 정말……. 그래, 선생님 과자를 정말 다 가져야겠니?"

하지만 그럴수록 현아는 더 큰 소리로 울어 댔다.

그때 진솔 선생님이 갑자기 책상을 탕! 하고 치시더니 맹달 선생님을 향해 소리쳤다.

"그만하십시오! 그래도 선생님은 전 재산을 잃으신 건 아니지 않습니까."

"네? 그게 무슨 말씀입니까?"

맹달 선생님이 진솔 선생님의 화난 모습에 잠시 당황해하자, 진솔 선생님은 그제야 온화한 표정을 되찾았다.

"먼저 이야기를 하나 들려 드리지요.

어느 시골 마을에 한 여인이 살았습니다. 하루는 그 여인이 시장에 가려 하는데 어린 딸이 함께 가겠다고 떼를 썼습니다. 아이가 막무가내로 울며 떨어지지 않자, 여인은 시장에 다녀와서 돼지를 잡아 주겠다고 약속을 했습니다. 그 아이는 돼지고기를 워낙 좋아했기 때문에 금방 울음을 그쳤지요.

그런데 그 여인이 장에서 돌아와 보니 남편이 정말 칼을 들고 돼지우리에 들어가 돼지를 잡으려는 것이 아니겠습니까! 부인은 재빨리 남편을 말렸지요.

"여보! 그 돼지는 우리 집 전 재산이란 말이에요. 제가 했던 말은 아이를 달래기 위한 것이었으니 정말로 돼지를 잡을 필요는 없어요."

그러나 남편은 고개를 저었습니다.

"아니오. 아이들은 부모를 보고 따라 배우기 마련이오. 당신이 저 아

이를 한낱 말장난으로 속이려 든다면, 저 아이 역시 아무렇지도 않게 남을 속이려 들게요. 만약 이런 식으로 교육을 한다면 우리 아이가 어떻게 올바른 사람으로 성장할 수 있겠소?"

맹달 선생님, 이 이야기 속 남편의 말처럼 아이들에게 절대 거짓말을 해서는 안 됩니다. 아이들은 무엇이든 어른들을 흉내 내고 배우려 하기 때문입니다. 더구나 선생님은 아이들의 스승으로서 모든 것에 모범이 되어야 할 분 아니십니까? 만약 선생님마저 아이들을 속이고, 그렇게 해서 결국 아이들이 선생님을 믿지 않게 된다면 앞으로 어떻게 교육을 할 수 있단 말입니까."

이 이야기는 『논어』에 나오는 내용을 각색한 것입니다.

더 생각해 보기

학기 초, 전교 어린이회장을 뽑는 선거기간이 되면 선생님은 가끔 엉뚱한 선거공약에 미소를 머금곤 합니다.

- 제가 전교회장이 된다면 우리 학교 화장실에 비데를 설치하겠습니다.
- 우리 학교 운동장에 천연잔디를 깔겠습니다.
- 모든 교실에 공기정화기와 정수기를 설치하겠습니다.
- 학교 급식 때 피자와 햄버거를 마음껏 먹을 수 있도록 하겠습니다.
- 제가 만약 당선이 된다면 모든 어린이들에게 게임기를 한 대씩 돌리겠습니다.

과연 이런 공약들은 실천 가능한 것일까요? 비데를 설치하는 것보다 차라리 일주일에 한 번씩 화장실 청소를 하겠다든가, 운동장에 잔디를 까는 것보다 운동장에 있는 돌을 줍겠다는 실천 가능한 공약을 이야기하는 후보들이 더 믿음직하지 않을까요?

또한, 옛말에 '윗물이 맑아야 아랫물이 맑다.'라는 말이 있습니다. 자식들의 행동을 보면 그 부모가 어떠한 사람인지를 알 수 있다는 말이지요. 부모는 자식의 거울이기 때문입니다. 이렇듯 거울이 맑고 깨끗해야 그곳에 반사되어 비치는 사물의 모습도 맑고 깨끗하게 보이는 법이랍니다.

관련 한자어

曾子曰 母欺子 子而不信其母

증자왈 모기자 자이불신기모

非所以成教也 遂烹彘也

비소이성교야 수팽체야

증자가 말하기를, 어미가 자식을 속이면 자식인데도 그 어미를 믿지 못하니, 가르침을 이루는 방법이 아니다. 그리하여 마침내 돼지를 죽였다.

殺(죽일 살)   **彘**(돼지 체)   **教**(가르칠 교)   **子**(아들 자)

이 이야기에서 나온 '살체교자'는 일을 쉽게 해결하기 위해 지킬 수 없는 말이나 약속을 해서는 안 된다는 뜻입니다. 비록 상대방이 어린 아이라 할지라도 약속을 가볍게 여겨서는 안 되겠지요.

진솔 선생님의 뜨거운 눈물

　장비는 성질이 급하고 행동이 거친 탓에 무엇을 하든 남의 눈에 잘 띄었다. 물론 솔직하고 쾌활한 면도 있어 진솔 선생님으로부터 사랑도 많이 받았지만, 잦은 말실수와 친구들과의 싸움으로 인해 꾸중도 많이 들어야만 했다.
　어느 날, 진솔 선생님이 조회대 앞을 지나는데 저 멀리서 장비가 한 아이와 다투고 있는 모습이 보였다. 사소한 말다툼에서 시작한 것이 결국 주먹이 오가는 큰 싸움으로 변하고 만 것이다.
　'이 녀석이, 또 주먹질을…….'
　진솔 선생님은 재빨리 달려가 두 아이의 싸움을 말렸다. 장비와 상대한 아이의 코에선 벌써 코피가 터져 턱 밑까지 붉게 물들어 있었다. 진솔 선생님은 그 아이를 보건실로 보낸 다음 장비를 상담실로 데려갔다.

"장비야, 따라오너라."

진솔 선생님이 그동안 한 번도 볼 수 없었던 굵고 낮은 목소리로 말하자 장비는 덜컥 겁이 났다.

'어이쿠, 화가 많이 나셨나 보다……'

상담실로 들어선 진솔 선생님은 잠시 장비의 얼굴을 물끄러미 바라보더니, 갑자기 주르르 눈물을 흘렸다.

"아니! 선생님, 왜 우시는 거예요?"

"다 내 잘못이다. 선생님이 널 잘못 가르친 것 같아. 지난번 네가 친구와 싸움을 했을 때 네 버릇을 고쳤어야 하는 건데……. 내 잘못이야."

진솔 선생님은 옷깃이 젖을 때까지 뜨거운 눈물을 멈추지 않았다.

"선생님, 그만하세요! 제가 잘못했어요. 제발 절 용서하세요. 선생님!"

결국 장비는 상담실 바닥에 꿇어앉아 엉~엉~ 소리 내어 울기 시작했다. 그 모습을 본 진솔 선생님은 장비의 눈물을 닦아 주며 말했다.

"장비야, 어느 날 공자의 제자 자로가 화려한 옷을 입고 대중들 앞에 나타나자, 공자는 다음과 같이 말씀하셨단다.

민산
중국 복건성에 있는 산 이름.

"양자강은 <mark>민산</mark>에서 시작되는데, 그 물은 겨우 술잔에 넘칠 정도의 적은 양이지만 하류로 내려오면 물의 양이 엄청나게 많아지고 흐름도 빨라져서 배를 타지 않고는 강을 건널 수 없고, 바람 부는 날에는 배조차 띄울 수 없게 된단다.

이처럼 모든 일에는 시작이 중요한데, 처음이 좋지 않으면 뒤로 갈수록 더욱더 나빠지지.

자로야, 지금 너는 화려한 옷을 입고 자신만만해하나 사람들이 너의 그 모습을 보고 속으로 욕을 하지나 않을까 걱정이 되는구나. 말을 잘 꾸미는 자는 믿음직스럽지 않고, 행동을 잘 꾸미는 자는 잘난 척하는 자란다. 또 자기가 알고 있다고 해서 그것을 금방 얼굴에 나타내어 그 능력을 자랑하는 것은 소인배나 하는 행동

이지."

 이 말을 들은 자로는 크게 깨닫고 곧장 방으로 들어가 검소한 옷으로 갈아입었다고 해.

 장비야, 이처럼 모든 일에는 그 시작이 중요하단다. 조그만 거짓말이 몇 사람의 입만 거치면 엄청난 거짓말로 변하듯이 어릴 때 잘못 길들여진 버릇은 결국 네 스스로 감당할 수 없는 나쁜 결과를 가져올 거야. 그러니 지금부터라도 잘못된 버릇과 습관은 반드시 고치도록 노력해야 해. 알았지?"

이 이야기는 『순자(荀子)』에 나오는 내용을 각색한 것입니다.

『순자』
중국 주나라 때의 학자인 순자의 사상을 정리해 놓은 책.

더 생각해 보기

인도의 위대한 영혼이라 불리는 간디는 어린 시절 힌두교에서 금하는 쇠고기를 몰래 먹기도 하고, 가족이나 이웃의 물건을 훔치는 등의 나쁜 행동을 많이 했다고 해요. 하지만 자신의 잘못된 행동에 대해 항상 죄책감을 느꼈던 간디는 결국 병이 든 아버지를 찾아가 자신의 잘못을 고백하는 편지를 써서 직접 보여 드리죠.

아버지가 침대에 앉아 편지를 읽는 동안, 간디는 아버지의 반응을 초조하게 기다렸어요. 그런데 어찌 된 일인지 편지를 다 읽으신 아버지께서 한동안 아무런 말씀도 하지 않으시는 것이었어요. 잠시 뒤 간디의 아버지는 한 줄기 뜨거운 눈물과 함께 편지를 조용히 찢으셨죠. 그리고 다시 딱딱한 나무 침대에 아픈 몸을 뉘인 다음 창밖 풍경만을 물끄러미 바라보셨다고 해요. 간디의 아버지는 자신의 잘못을 스스로 뉘우친 것만으로도 기특하다는 생각에 그를 말없이 용서해 준 것이죠.

이처럼 자신의 잘못된 행동을 스스로 반성할 줄 알았던 간디는 결국 인도의 독립을 위해 자신의 모든 것들 바친 위대한 정신적 지도자로 세상 모든 사람들에게 존경을 받았답니다.

힌두교
인도에서 발생한 종교로 브라흐마(창조의 신), 비슈누(유지의 신), 시바(파괴의 신)의 세 신을 믿는다.

관련 한자어

昔者 江出於岷山
석자 강출어민산
其始出也 其源可以濫觴
기시출야 기원가이람상

원래 강은 민산에서 시작되는데,
그것이 시작될 때의 물은 겨우 술잔을 띄울 만하였다.

濫(넘칠 람)　觴(술잔 상)

여기에서 나온 고사성어가 '남상'이에요. 이 말은 '큰 배를 띄울 만큼 많은 양의 강물도 그 첫 물줄기는 술잔을 띄울 정도의 적은 물이었다.'라는 뜻으로, 일의 처음과 시작이 좋아야 그 결과가 좋다는 것을 이야기하는 뜻이랍니다.

고사성어
옛이야기에서 생겨난 말.

선생님, 숙제를 못 했어요

목요일 오후, 숙제 검사 시간이었다.

"조조야, 넌 왜 문제를 다 풀지 않았지?"

진솔 선생님이 조조의 수학 공책을 바라보며 이렇게 물었다.

"어젯밤 아파트가 정전이 되었지 뭐예요. 저희 집이 20층이라 옴짝달싹할 수 없었어요."

"그래? 좋아. 오늘은 특별히 봐 줄 테니 내일까지 꼭 풀어 와야 해."

"네, 선생님."

다음 날, 이번엔 여포가 숙제를 해 오지 않았다. 선생님이 그 이유를 물으니 어제가 할아버지 제사여서 숙제할 시간이 없었다는 것이었다.

"물론 조상을 섬기는 것도 중요하지. 하지만 그날 배운 내용을 다시 한 번 복습해 보는 것도 꼭 필요한 일이란다. 선생님 말 이해하겠지?"

"네!"

그 다음 날, 이번엔 동탁이가 숙제를 해 오지 않았다.

"넌 또 왜?"

진솔 선생님이 이번엔 인상을 잔뜩 찌푸리며 물었다.

"그, 그게, 어제 엄마랑 밤늦게 마트에 가는 바람에……."

동탁이가 기어들어 가는 목소리로 변명을 늘어놓자, 진솔 선생님은 아이들을 향해 고개를 돌리더니 아주 엄한 목소리로 다음과 같이 말했다.

"여러분, 공부는 마음먹기에 달렸어요. 열심히 하고자 하는 마음만 있다면 그 어떤 조건이나 환경도 변명이 될 순 없죠. 물론 하고자 하는 마음이 없다면 아무리 좋은 환경을 만들어 주어도 성적은 오르지 않는 법이랍니다.

옛날 중국 진나라 때, 차윤과 손강이란 사람이 살았어요.

　차윤은 어려서부터 성실하고 생각이 깊었으며, 공부에 뜻을 두고 있었지요. 하지만 집이 얼마나 가난했던지 밤이면 등불을 밝힐 기름조차 구하지 못할 정도였죠.
　차윤은 무슨 좋은 수가 없을까 하고 고민하다, 어느 날 밤 엷은 주머니 하나를 들고 숲 속으로 들어갔습니다. 그는 숲을 밝히고 있는 수십 마리의 반딧불을 잡아 그 속에 넣고는 다시 집으로 돌아왔지요. 그리고 반딧불에서 나는 빛으로 책을 읽기 시작했습니다.
　차윤은 이렇게 어려운 환경을 극복하고 열심히 공부하여 이부상서라는 높은 벼슬까지 올랐어요.
　또한 손강도 차윤과 마찬가지로 집이 너무나도 가난하여 어두운 방을 밝힐 만한 기름이 없었습니다. 대신 겨울이 되면 문가에 앉아 눈에 반사되는 달빛에 의지하며 공부를 했지요.
　그 역시 타고난 성실함과 총명함으로 결국 어사대부라는 벼슬까지 오르게 되었답니다.

이처럼 그 어떤 조건에도 굴하지 않고 꿋꿋이 노력하여 자신이 뜻을 이룬 사람, 가난과 불행을 슬기롭게 이겨 낸 사람이야말로 진정한 승리자라는 사실을 여러분들은 결코 잊지 않았으면 해요."

『몽구』
중국 당나라 학자인 이한이 지은 아동용 교재.

이 이야기는 『몽구(蒙求)』에 나오는 내용을 각색한 것입니다.

더 생각해 보기

선생님의 어머니는 37년간 미용실을 운영하셨어요. 고약한 파마 약 냄새와 매캐한 연탄가스 속에서 인생의 대부분을 보내신 셈이죠. 어머니는 종일 손님들과 씨름하시느라 선생님 숙제를 봐 주실 시간이 없었어요.

아마 초등학교 1학년 때였을 거예요. 하루는 어머니가 파마 기구를 씻으시며 저에게 물으시더군요.

"훈아, 넌 받아쓰기 숙제 없어? 재은이는 매일 받아쓰기 숙제 한다던데."

"응, 엄마가 바쁜 것 같아서 내가 그냥 국어책 보고 썼어."

"뭐?"

어머니는 저의 대답에 잠시 당황해하시더군요.

"엄마, 걱정하지 마. 받아쓰기 시험은 다 백 점이니까."

다음 날이 되었어요. 손님 머리를 손질하고 계시던 어머니가 절 부르시더군요.

"훈아, 받아쓰기 공책이랑 국어책 들고 와."

제가 책과 공책을 들고 어머니 곁으로 다가가자, 어머니는 하던 일을 잠시 멈추시더니 앞에 앉아 있는 손님에게 국어책을 건네시더군요.

"탁이 엄마, 이 책 좀 들고 있어 줄래요?"

그리고 옆에 있는 동그란 의자에 공책을 내려놓으며 말씀하셨어요.

"자, 엄마가 불러 주는 것 받아써 보자."

손님은 국어책을 들고, 어머니는 머리손질을 하며 받아쓰기 문제를 부르시고, 전 그 옆에 쪼그리고 앉아 어머니가 불러 주시는 글을 열심히 받아 적었습니다.

지금도 그 시절을 떠올리면 눈물이 그렁그렁합니다.

관련 한자어

螢雪之功

형 설 지 공

반딧불이의 꽁무니에서 흘러나오는 빛과, 눈에 반사되는 달빛을 이용해 공부를 한다.

螢(반딧불 형) 雪(눈 설)   之(갈 지)   功(공적 공)

이 고사성어는 가난이나 불행에도 전혀 흔들리지 않고 자기발전을 위해 열심히 공부하는 사람들을 가리킬 때 쓰는 말이랍니다.

친구를 버리고 공부를 선택한 관우

깊은샘 반 관우에게 소원이 하나 있었으니 그건 바로 이번 중간고사에서 전교 1등을 하는 것이었다.

관우는 그 꿈을 이루기 위해 하루 종일 공부에만 매달렸다. 그러다 보니 친구들과 어울리는 시간은 차츰 줄어들었고, 결국 친했던 친구들조차 하나 둘 관우의 곁을 떠나기 시작했다.

'뭐, 괜찮아. 얻는 게 있으면 잃는 게 있는 법. 친구야 다시 사귀면 되지……'

관우는 이렇게 오로지 자신의 목표를 향해 최선을 다했다.

며칠 뒤, 이 사실을 알게 된 진솔 선생님이 방과 후 관우를 조용히 상담실로 불렀다.

"관우야, 너 요즘 너무 공부에만 매달리는 것 같구나. 물론 공부도 중요해. 하지만 친구들과 어울려 우정을 쌓는 것도 소중하단다. 친구가 없다면 네가 어렵거나 힘들 때 도와줄 사람이 없지 않겠니?"

"저도 알고 있어요. 하지만 선생님, 저에겐 큰 목표가 하나 생겼어요."

"큰 목표? 그게 뭐니?"

"그건……"

순간, 진솔 선생님이 빙긋 미소를 머금었다.

"관우야, 선생님은 네 눈빛만 봐도 다 안단다. 반에서 항상 1, 2등을 다투는 네가 그토록 열심히 공부하는 건 분명 전교 1등이란 목표를 세웠기

때문이겠지. 하지만 그건 너무 어리석은 행동처럼 보이는구나."
"네? 그게 무슨 말씀이세요?"
관우가 눈을 동그랗게 뜨며 물었다.
"관우야, 선생님이 들려주는 이야기부터 먼저 들어 보렴.

어느 날 맹자가 제나라에 가게 되었단다. 그 나라 신하들의 초청을 받아 궁궐로 들어서자 선왕이 맹자에게 물었지.
"세상을 하나로 통일한 나라들은 모두 다 군사력이 우수한 나라들이었소. 이에 대한 선생의 생각을 듣고 싶소."
그러자 맹자는 이렇게 되물었어.

"전하께서는 불필요한 전쟁으로 백성들이 목숨을 잃고, 또 이웃 나라들과 원수가 되기를 원하시옵니까?"

"난 그런 걸 원하지 않소. 하지만 과인에겐 큰 꿈이 하나 있소."

"그게 무엇이옵니까?"

선왕은 웃기만 할 뿐 입을 열려고 하지 않았지. 맹자 앞에서 '나의 꿈은 천하를 하나로 통일하는 것이오.'라고 말하기가 부끄러웠기 때문이야.

그러자 맹자가 다시 이렇게 물었단다.

"전하, 맛있는 음식과 따뜻한 옷, 아니면 화려하고 웅장한 궁궐이 부족하시옵니까?"

"과인에겐 그런 사소한 욕심은 없소."

"그렇군요……. 전하, 솔직히 전 다 아옵니다. 전하의 큰 꿈이란 사방의 적들을 물리치고 천하통일을 이루시려는 것이 아니옵니까? 하오나 군사를 동원하여 천하통일을 이루려는 것은 마치 나무 위를 두리번거리며 물고기를 찾는 것과 같다는 생각이 드는군요."

순간, 선왕은 깜짝 놀라며 물었지.

"아니, 그게 그토록 힘든 일이란 말이오?"

"네. 그보다 더 심각한 상처를 가져올 수도 있습니다. 나무 위를 두리번거리며 물고기를 찾는 것은 분명 불가능한 일이겠지만 몸이 다치거나 나라가 망하지는 않습니다. 하지만 천하통일을 이루기 위해 전쟁을 일으키다가 실패하는 날에는 전하의 목숨은 물론 나라 전체가 재난을 피하지 못할 것이옵니다."
　　맹자의 말을 들은 선왕은 결국 천하통일에 대한 꿈이 잘못된 욕심이었음을 깨닫고 제나라 백성들의 평안과 행복을 위해 더욱 노력했다고 해.

관우야, 좀 전에 네 행동이 참으로 어리석다고 말한 건 선왕의 잘못된 욕심에 빗대어 한 말이란다. 네가 전교 1등이란 목표를 위해 친구들을 멀리하고 친구들을 모두 잃게 된다면 그보다 더 큰 불행이 어디 있겠니?
특히 청소년기엔 친구가 더욱더 필요한 법이야. 힘들거나 어려운 일이 생길 때 새로운 희망이 움터 날 수 있도록 용기를 불어넣어 주는 믿음직한 친구야말로 이 세상 그 무엇과도 바꿀 수 없는 소중한 보물이란다."

이 이야기는 『맹자(孟子)』에 나오는 내용을 각색한 것입니다.

『맹자』
중국 전국시대의 사상가인 맹자가 쓴 책.

더 생각해 보기

'윈도우즈(windows)'라는 컴퓨터프로그램을 개발해 마이크로소프트 사를 세계적인 IT회사로 성장시킨 빌 게이츠는 학창시절 수줍음이 많아 또래들과 잘 어울리지 못했지만, 한번 친구가 되면 자신의 속마음까지 터놓고 이야기하는 것을 아주 좋아했대요.

빌 게이츠의 첫 번째 단짝은 초등학교에서 만난 켄트 에번스였어요. 둘은 컴퓨터라는 새로운 기계에 흠뻑 빠져 있었죠. 그 당시 컴퓨터는 냉장고 두 대를 붙여 놓은 것처럼 아주 컸는데, 빌과 켄트는 매일 그 컴퓨터 앞에 앉아 간단한 연산 프로그램을 만들거나, 게임을 즐기며 우정을 키워 나갔다고 해요.

빌 게이츠의 두 번째 단짝은 폴 앨런이었어요. 아버지가 도서관 관장이었던 폴은 어느 날 빌을 자신의 집으로 초대하죠. 폴의 안내를 받으며 거실로 들어선 빌은 벽면을 가득 메운 수많은 책들, 그 거대한 책의 숲 앞에서 큰 충격을 받고, 자신이 아직도 많이 부족하다는 사실을 깨닫게 됩니다.

이렇게 어린 시절부터 컴퓨터에 대한 열정과 서로에 대한 믿음을 차곡차곡 쌓아 온 이들은 결국 마이크로소프트라는 회사를 만들어 엄청난 부와 함께 세계적인 명성을 동시에 거머쥐었답니다.

관련 한자어

以若所爲求若所欲 猶緣木求魚也

이 약 소 위 구 약 소 욕 유 연 목 구 어 야

이런 행위로 욕망을 달성하고자 하는 것은 나무에 올라가서 물고기를 구하는 것과 같다.

緣(인연 연)   木(나무 목)   求(구할 구)   魚(고기 어)

이 이야기에서 나온 '연목구어'라는 말은 '나무 위에서 물고기를 찾는다.'라는 뜻으로, 황당하거나 불가능한 일을 억지로 하려는 경우나, 목적과 수단이 일치하지 않아 일이 성공할 수 없음을 뜻하는 말이랍니다.

동탁이의 문제집은 다 백 점

　　동탁이는 이번 중간고사에서 평균 70점이 넘으면 아버지에게 자전거를 선물받기로 약속했다. 그러나 시험이 가까이 다가올수록 이상하게도 성적이 점점 더 떨어졌다.

　　'왜 이러지? 열심히 공부했는데 성적은 안 오르고……. 무슨 좋은 방법이 없을까?'

　　그렇게 며칠 밤낮을 고민만 하던 어느 날, 동탁이의 머릿속에 기막힌 아이디어가 하나 떠올랐다.

　　동탁이는 곧장 서점으로 달려가 문제집 다섯 권을 사서 뒷면에 있는 답지를 보고 문제를 풀기 시작했다. 당연히 문제집의 모든 과목은 다 만점이었다.

'앗싸! 올 백이구나~. 하루 만에 내 실력이 이렇게 향상되다니. 으하하하!'

동탁이는 그제야 마음이 편안해졌다.

다음 날 동탁이는 스스로 만족해하며 진솔 선생님에게 문제집을 보여 줬다.

"선생님, 제가 어제 하루 동안 문제집을 다섯 권이나 풀었어요. 정말 대단하죠?"

진솔 선생님은 믿을 수 없다는 듯 고개를 갸웃거리며 동탁이의 문제집을 펼쳤다. 역시 예상했던 그대로였다.

선생님은 잠시 교실 안을 둘러보더니, 동탁이에게 사물함 위에 놓인 인형 두 개를 가져오라고 했다.

"동탁아, 이 인형을 각기 다른 엄마에게서 태어난 아이라고 가정해 보자. 그럼 이 아이들의 엄마는 모두 몇 명이겠니?"

"그야 당연히 둘이죠."

"그래, 둘이겠지. 그런데 동탁아, 한 엄마는 아이가 잘 자라도록 영양이 풍부한 음식을 먹이고 적당한 운동을 시키는데, 또 다른 엄마는 영양이나 운동에는 관심이 없고 단지 아이의 팔과 목과 다리를 매일 잡아당겨 대는 거야. 그럼 이 두 엄마 중 어느 엄마가 더 현명하다고 할 수 있을까?"
"물론 첫 번째 엄마죠."
"그래. 첫 번째 엄마겠지. 동탁아, 또 옛 중국 송나라에서는 이런 어이없는 일도 있었다는구나.

어떤 농부가 자기 논에 모를 심었는데 그 모가 좀처럼 잘 자라지 않는 거야. 어떻게 하면 빨리 자랄까 하고 곰곰이 생각한 끝에 농부는 결국 논에 들어가서 모를 손으로 잡아당겼대. 그렇게 모가 조금씩 위로 올라오자, 농부는 그제야 만족해하며 집으로 돌아갔지.

저녁이 되어 아내가 빨래터에서 돌아오자, 농부가 이렇게 말했단다.

"오늘은 정말 힘든 하루였소. 온종일 모가 빨리 자라게 도와주느라고 이렇게 녹초가 되었지 뭐요."

이 말을 들은 아내가 헐레벌떡 논으로 뛰어나가 봤더니 글쎄, 뿌리까지 드러난 모가 전부 논바닥 위에 말라 죽어 있더라지 뭐야.

동탁아, 이처럼 세상의 모든 일에는 순서가 있는 법이란다. 이 순서를 무시하고 억지로 짜 맞추듯 서두르다 보면 오히려 일을 망치는 수가 있지. 지금 네가 들고 있는 문제집도 이와 같다는 생각이 드는구나. 네 실력으로 차근차근 풀지 않고 답지를 베끼기만 한다면 그게 진정 네 실력이라 할 수 있겠니?"

이 이야기는 『맹자』에 나오는 내용을 각색한 것입니다.

더 생각해 보기

선생님이 독후감상문이나 현장학습 보고서 같은 숙제를 내 주면 요즘 학생들은 컴퓨터와 프린터를 이용해 보기 좋게 정리해 옵니다. 하지만 그 내용을 꼼꼼히 살펴보면 인터넷에 있는 여러 자료들을 여기저기에서 가져와 그냥 붙여 넣듯 편집해서 제출한 경우가 대부분이에요.

이런 경우 선생님은 아이들을 불러 글의 줄거리라든가, 주인공의 성격, 만난 사람, 교통편, 현장의 분위기 등에 대해 꼼꼼히 물어봅니다. 당연히 그냥 대충 베껴 낸 학생들은 당황해하며 우물쭈물하지요. 이렇듯 스스로 노력해서 얻지 않는 것들은 마치 신기루처럼 우리 곁에서 쉽게 사라져 버린답니다.

대학시절 선생님은 영어를 잘하는 친구에게 그 비결을 물어본 적이 있었는데요, 그 친구의 대답은 의외로 간단했습니다.

"특별한 교재나 방법은 없어. 난 그저 매일 2시간씩 공부했을 뿐이야."

"정말? 매일 2시간씩만 하면 된단 말이지?"

다음 날 선생님은 도서관으로 달려가 매일 2시간씩 영어 공부를 하기 시작했습니다. 그리고 보름쯤 되던 날, 친구가 가르쳐 준 그 방법이 결코 쉽지 않은 것임을 깨달았습니다.

하루에 2시간씩 공부하는 것은 그다지 힘들지 않았지만, '매일' 한다는 것은 정말 어려운 일이었습니다. 갑작스러운 몸살감기, 한일전 축구 응원과 같은 다양한 유혹과 고통을 물리치고 '매일' 공부한다는 것은 저에겐 불가능한 일이었죠.

열심히, 그리고 매일 공부한다는 것은 결코 쉬운 일이 아닌가 봅니다.

관련 한자어

助之長者 偃苗者也 非徒無益 而又害之
조지장자 알묘자야 비도무익 이우해지

心勿忘 勿助長也
심물망 물조장야

순리를 무시한 채 묘를 키우려 하면 성장을 돕기는커녕 오히려 그것을 방해한다. 잊지 마라. 억지로 자라게 도와주어서는 안 된다.

偃(뽑을 알) 苗(싹 묘) 助(도울 조) 長(길 장)

이 이야기에서 나온 고사성어가 '알묘조장'입니다. 이 말은 원칙과 순서를 무시하고 억지로 일을 서두르다 보면 반드시 나쁜 결과가 생겨난다는 무서운 경고를 담고 있습니다.

여포, 하나님께 간절히 기도하다

"내일은 지금까지 배운 내용을 얼마나 알고 있나 평가하는 날이에요. 좋은 결과가 나오도록 집에서 열심히 공부하세요. 자, 오늘 수업은 이것으로 마치겠습니다."

알림장 검사가 끝나자, 아이들은 서둘러 가방을 챙겨 교실을 빠져나갔다.

"여포야, 시험공부는 많이 했니?"

운동장으로 연결된 복도를 걷고 있을 때쯤, 유비가 여포의 어깨에 손을 얹으며 물었다.

"아니……."

여포의 얼굴은 걱정으로 가득했다. 매일 중학생 형들과 어울려 축구 연습을 하느라 내일이 시험이란 사실조차 까맣게 잊고 있었던 것이다.

'동탁이는 문제집을 다섯 권이나 풀었고, 장비는 보충수업까지 받았고.

아, 꼴찌는 분명 내 차지가 될 거야. 이거 어쩌지……'

그렇게 운동장을 지나 교문 앞에 다다랐을 때쯤, 문득 지난주 교회에서 들었던 목사님의 말씀이 떠올랐다.

'어린이 여러분, 하나님은 기도하는 자에게 복이 있다고 말씀하셨습니다. 진실한 마음으로 기도하면 하나님은 반드시 소원을 이루어 주십니다. 이것이 바로 기도의 힘입니다. 자, 우리 모두 두 손 모아 기도합시다……'

순간, 여포는 "할렐루야!" 하고 소리쳤다.

'맞아! 전지전능하신 하나님은 기도만 하면 소원을 다 이뤄 주신다고 하셨어. 왜 이 쉬운 방법을 몰랐을까. 으하하~ 난 역시 천재야!'

여포는 하늘에서 내려온 동아줄이라도 발견한 듯 기쁜 마음으로 그 자리에 곧장 꿇어 앉아 기

여포, 하나님께 간절히 기도하다

도하기 시작했다.

"오! 하늘에 계신 우리 아버지. 당신의 씩씩한 아들 여포가 내일 시험을 치르게 되었습니다. 비록 푼 문제 없고 외운 답 없으나 당신이 제 마음속에 계심을 믿사오니, 어려운 문제는 시험지 위에서 깨끗이 사라지게 해 주시고, 지우개 던지는 족족 정답 위에 머물게 하옵소서. 그렇게 매번 놀라운 기적 일어나 어머니의 회초리와 선생님의 잔소리로부터 이 불쌍한 양을 구하소서. 이 모든 것, 거룩하신 하나님의 이름으로 기도드리옵나이다. 아멘!"

그때, 우연히 교문 앞을 지나던 진솔 선생님이 여포의 기도를 엿듣게 되었다.

'푸훗, 정말 못 말리는 녀석이로군.'

진솔 선생님은 여포를 불러 일으켜 세우더니 무릎에 묻은 흙을 톡톡 털어 주었다.

"여포야, 하늘은 스스로 돕는 자를 돕는다고 했단다. 남에게 무엇을 해 달라고 바라기 전에 자기 스스로 노력할 줄 아는 사람이 되어야 하지. 그렇게 최선을

믿사오니, 부디 기적이 일어나길…

다해 노력하는 모습을 보여야만 널 지켜보고 있던 사람들도 그 모습에 감동해 널 도와주는 법이란다. 자, 그러니 지금 이렇게 하나님에 의지해 기도만 할 게 아니라 곧장 집으로 달려가 교과서를 한 번 더 보는 게 좋지 않겠니?"

이 이야기는 『맹자』에 나오는 내용을 각색한 것입니다.

더 생각해 보기

14세기 중반, 유럽에는 무서운 전염병이 돌기 시작했습니다. 이 병에 걸리면 피부색이 검게 변하며 죽는다 하여 사람들은 이 병을 '흑사병'이라 불렀어요. 이 병으로 인해 유럽인의 3분의 1이 죽었으니 정말 충격적인 사건이었죠.

이토록 무서운 전염병이 유럽 전체로 퍼져 나간 원인 중 하나가 바로 교회였어요. 과학이 발달하지 않았던 시절, 유럽인들은 이 병의 원인을 찾으려는 노력보다는 단지 교회에 모여 열심히 기도함으로써 병이 사라지기를 바랐대요. 하지만 좁은 장소에 모이는 바람에 전염병은 사람들의 호흡기를 통해 더욱 확산되었고, 결국 마을 전체가 흑사병에 휩싸이는 불운을 겪게 되었죠.

물론 종교를 가진다거나, 절대적인 누군가를 향해 구원의 손길을 바라는 것은 결코 나쁜 행동이 아니에요. 하지만 과학적이고 합리적인 해결 방법을 찾기 위해 스스로 노력한 다음 절대적인 누군가에게 도움을 구해야 한다는 사실을 여러분들은 결코 잊어서는 안 될 것입니다.

관련 한자어

孟子曰 愛人不親 反其仁 治人不治 反其智
맹자왈 애인불친 반기인 치인불치 반기지

禮人不答 反其敬 行有不得者 皆反求諸己
예인부답 반기경 행유부득자 개반구제기

其身正而天下歸之 詩云 永言配命 自求多福
기신정이천하귀지 시운 영언배명 자구다복

맹자가 말씀하시길 사람을 사랑했는데도 친해지지 않으면 자신의 인을 돌아보고,

사람을 가르쳤는데도 나아지지 않으면 자신의 지혜를 돌아보고,

사람에게 예를 표했는데도 답하지 않으면 자신의 행동을 돌아봐야 한다.

행했는데 얻지 못하는 것이 있으면 모두 자기를 돌아보고 그 원인을 찾아야 하니

자신의 몸이 바르면 하늘 또한 자신을 도울 것이다.

시경에 이르기를 '하늘의 이치에 닿기 위해서는 스스로 많은 복을 구해야 한다.' 라고 했다.

여기에서 나온 말이 '자구다복(自求多福)'입니다. 이 말은 '복은 자기 스스로 노력해야만 얻을 수 있다.'라는 뜻으로, 행운과 불행 역시 하늘에서 툭 하고 떨어지는 게 아니라 자신의 노력과 의지에 달려 있다는 말입니다. 끊임없는 노력이야말로 성공으로 가는 가장 빠른 길인 셈이죠.

방귀송

방과 후, 조조가 혼자 야구 연습을 하다 그만 6학년 높은산 반 교실 창문을 깨뜨리고 말았다.

"누구야? 창문을 깨트린 녀석이!"

운동장으로 직접 달려 나온 맹달 선생님은 교문 옆에 숨어 있는 조조를 발견하고, 곧장 달려가 조조를 붙잡았다.

"요 녀석! 학교에선 야구를 하지 말라고 교장 선생님께서 그렇게 말씀하셨는데. 오늘은 정말 혼 좀 나야 겠구나!"

그렇게 교문

앞에서 꾸중이 이어지고 있을 때쯤, 맹달 선생님이 속이 불편했던지 갑자기 '뿌웅~' 하며 길고 우렁찬 방귀를 터뜨렸다. 그러자 조조는 그 자리에서 「방귀송」이란 시를 지어 맹달 선생님께 바쳤다.

황금 같은 엉덩이로
고귀한 기운을 내뿜으셨네
그 소리는 바이올린 같고,
그 향은 장미 같아라
코끝으로 전해져 오는 그 고운 향기에
덩실덩실 춤추고 싶어라

조조의 시를 들은 맹달 선생님은 매우 만족스러운 듯 환한 얼굴로 미소까지 머금었다.
"오호! 금빛으로 반짝이는 엉덩이와 장미 같은 향기라……. 조조야, 넌 시인의 재능을 타고난 것 같구나. 내 오늘 너의 시를 봐서 특별히 용서해 줄 테니 다음부터는 이런 일이 없도록 하여라."
"네, 선생님. 정말 감사하옵니다~."

그렇게 조조는 한순간의 재치로 위기에서 무사히 탈출할 수 있었다.

다음 날 아침, 전날의 야구 사건과 방귀송에 관한 이야기는 진솔 선생님의 귀에까지 흘러들어 갔다.

"진솔 선생님, 조조의 글 솜씨가 보통이 아니더군요. 그 정도 실력이면 어느 대회에 참가하더라도 최우수상은 식은 죽 먹기일 겁니다. 그런 아이가 선생님 반에 있다는 게 정말 부러워요, 부러워. 하하하!"

맹달 선생님은 뭐가 그리 좋은지 입이 귀에 걸릴 정도로 웃어 대기 시작했다. 하지만 그 모습을 바라보는 진솔 선생님의 얼굴은 먹구름처럼 어둡기만 했다.

잠시 후, 1교시 시작을 알리는 벨이 길게 울려 퍼졌다.

"오늘은 수업을 하기 전에 재미난 이야기부터 하나 해 줄게요."

교무실에서 돌아온 진솔 선생님이 교과서를 펼치며 이렇게 말했다.

순간, "네!" 하는 우렁찬 대답과 함께 박수가 터져 나왔다.

아주 오랜 옛날 한 사내가 죽어서 지옥에 가게 되었답니다. 사내가 염라대왕 앞으로 끌려가 자신의 죄를 심판받고 있는데, 염라대왕이 속이 불편했는지 그만 '뽕~' 하고 방귀를 뀌었지 뭐예요.

사내는 이 기회를 놓치지 않고 곧장 '방귀송'이란 시를 지어 바쳤어요.

"높으신 금빛 엉덩이로 보배 같은 향기를 피우셨네. 그 소리는 관현악 같고, 그 향은 난향 같아라. 아, 백성 된 몸, 그 소리와 향기에 몸

염라대왕
죽은 사람의 행동을 심판하는 지옥의 왕.

둘 곳을 몰라라."

염라대왕은 사내의 시가 무척 마음에 들었던지 놀랍게도 그의 목숨을 10년이나 더 연장해 주었대요.

10년 후, 사내는 다시 지옥으로 오게 되었지요. 불꽃이 활활 타오르는 심판대 앞으로 끌려 나온 사내는 저승사자가 자신의 이름을 부르자, 자신만만한 표정으로 염라대왕의 얼굴을 쳐다보았어요.

그러자 염라대왕이 옆에 있는 저승사자에게 물었지요.

"저자는 누군데 저토록 당당한가?"

저승사자가 대답했어요.

"아, 저자는 10년 전 '방귀송'이란 시를 지어 대왕님께 바쳤던 바로 그 사내이옵니다."

순간, 염라대왕은 예전 자신의 실수가 떠올라 그만 얼굴이 붉게 변해 버렸답니다.

"어때요? 재미있었나요?"

"네. 방귀송이라니 생각만 해도 우스워요, 크크크."

동탁이가 배꼽을 잡으며 낄낄거렸다.

진솔 선생님이 염라대왕의 볼만큼이나 빨개진 조조의 얼굴을 바라보며 다시 말했다.

> 아첨꾼
> 남에게 잘 보이려고 알랑거리는 사람.

"이처럼 아첨꾼이 하는 칭찬은 들을 때는 기분도 좋고 자신을 위하는 것처럼 느껴지기도 해요. 하지만 그 말에는 진실한 마음이 담겨 있지 않기 때문에 언젠가는 속임수였다는 것을 깨닫고 결국 후회하게 되지요. 여러분들은 오늘 이야기를 교훈 삼아 아첨과 칭찬을 구별할 줄 아는 현명한 사람이 되어야 하겠어요."

"예! 선생님."

깊은샘 반 아이들이 우렁찬 목소리로 대답했다.

> 『소찬』
> 중국 명나라 작가인 조남성이 지은 책으로 관리들의 부패와 아첨을 비판하는 내용이 많이 들어 있음.

이 이야기는 『소찬(笑贊)』에 나오는 내용을 각색한 것입니다.

더 생각해 보기

『이솝우화』는 우리에게 친숙한 동물들이 주인공으로 등장해 쉽고 재미있게 이야기를 이끌어 가는 짧은 우화 모음집입니다. 이 책은 또한 슬기로운 지혜와 다양한 교훈을 가득 담고 있어 어린이 인성교재로도 꽤 인기가 많은 편이죠. 그럼, 그중 '아첨'과 관련된 이야기 한 편을 잠시 감상해 볼까요. 제목은 「여우와 까마귀」입니다.

까마귀 한 마리가 치즈 조각을 입에 물고 숲 속 나뭇가지에 앉아 있었습니다. 그때 나무 아래를 지나가던 여우가 이 모습을 보았습니다.

'오호! 아주 먹음직스러운 치즈로군. 그런데 저걸 어떻게 빼앗아 먹지?'

여우는 궁리 끝에 기막힌 꾀를 하나 생각해 내었습니다. 나무 아래로 살금살금 다가선 여우는 까마귀를 바라보며 상냥한 목소리로 말을 건넸습니다.

"까마귀 님. 당신은 언제 보아도 아름답군요. 맑고 고운 두 눈, 검고 매끄러운 깃털, 가늘고 날씬한 다리. 아, 특히 당신의 노랫소리는 이 숲 속에 사는 새들 중 최고라고 하던데, 실례가 되지 않는다면 지금 여기서 한번 들어 볼 수는 없을까요?"

항상 자신의 목소리가 형편없다고 놀림을 받아오던 까마귀는 갑작스런 여우의 칭찬에 그만 우쭐해졌습니다. 까마귀는 미소를 머금으며 목에 힘을 주었습니다. 그렇게 노래를 부르려고 입을 떼는 순간, 그만 입에 물고 있던 치즈가 땅으로 떨어져 버렸습니다. 여우는 곧장 치즈를 주워 꿀꺽 삼킨 다음 까마귀에게 말했습니다.

"까마귀야, 맛있는 치즈 너무 고마워. 그런데 넌 지혜가 좀 부족한 것 같아. 남이 갑자기 칭찬을 하면 마냥 좋아만 할 게 아니라, 그게 칭찬인지 아첨인지 잘 생각해 봐야만 하는 거야. 이 여우 님의 충고 꼭 명심하도록 해."

관련 한자어

屁頌
비 송

방귀를 칭찬하다.

屁(방귀 비) 頌(기릴 송)

이 말은 아부를 잘하는 사람을 가리킬 때 사용하는 말입니다.

동탁, 불로천에서 돈을 잃다

　동탁이가 수업을 마치고 집으로 가는 길에 불로천 다리 위를 건너다 그만 실수로 만 원짜리 한 장을 물속에 빠트리고 말았다. 동탁이는 얼른 팔을 뻗어 돈을 잡으려고 했지만, 물살이 거칠고 빨라서인지 돈은 그만 휘리릭~ 하고 물속으로 사라져 버렸다.
　'이런, 큰일 났네…….'
　동탁이는 아무리 생각해 보아도 돈을 다시 찾을 좋은 방법이 떠오르지 않았다.
　'쩝, 어쩔 수 없지. 일단 여기에 표시를 해 두고 어머니에게 도움을 청하는
　수밖에.'
　그때 이곳을 지나던 진솔 선생님이 동탁이의 행동을 보고 이상하다고 생각하며 걸음을 멈췄다.

"동탁아, 너 지금 거기서 뭐 하니?"

"아, 선생님. 방금 전에 제가 돈을 물속에 빠트리고 말았는데 물살이 너무 빨라 도저히 건질 수가 없어요. 그래서 이렇게 표시를 해 두고 어머니께 도움을 청하려고요."

"뭐라고?"

진솔 선생님은 다리 위에 표시된 색연필 자국을 바라보더니, 긴 한숨을 내뱉었다.

"동탁아, 네가 해 놓은 표시를 보니 옛 이야기가 저절로 떠오르는구나.

옛날 중국 초나라에 사는 한 사내가 배를 타고 강을 건너고 있었단다. 그런데 배가 심하게 흔들려 자신이 가보처럼 귀하게 여기던 칼을 그만 강물에 빠트리고 말았지.

"어이쿠! 이를 어쩌지? 저 깊은 물속에 뛰어들어야 하나?"

사내가 안타까운 듯 발을 동동 구르자, 옆에 있던 선비가 이렇게 말했단다.

"일단 파도가 세차니 안전하게 강을 건넌 다음 칼은 나중에 찾도록 하게나."

그러자 사내가 물었지.

"아니, 나중에 어떻게 찾는단 말입니까?"

"지금은 칼을 빠트린 곳에 표시를 해 두고 뒤에 갈고리가 달린 긴 장대를 가져와 강물 속을 뒤져 보면 될 것이 아닌가?"

"아하! 그런 방법이 있었군요."

사내는 그제야 안심이 되는 듯 칼을 빠트린 배의 가장자리 부분에 즉시 표시를 해 두고 배가 나루에 닿기만을 기다렸지.

이윽고 배가 나루터에 도착하자, 사내는 곧장 갈고리가 달린 장대를 가져와 자신이 표시해 둔 곳의 아래를 뒤지기 시작했단다. 하지만 강물 속을 아무리 뒤져 보아도 잃어버린 칼을 찾을 수는 없었지.

동탁아, 네가 잃어버린 돈도 그 사내의 칼과 마찬가지라는 생각이 드는구나. 물론 칼처럼 무거운 물건을 떨어뜨렸다면 곧장 바닥으로 가라앉았을 테고 그럼 다리에다 표시를 해 두어도 상관은 없겠지. 하지만 네가 떨

어뜨린 지폐는 아주 가벼워서 지금쯤이면 분명 아랫동네까지 떠내려갔을 거야. 그러니 이 다리 위에 표시를 해 둔들 무슨 소용이 있겠니. 동탁아, 이처럼 무슨 일이든 그 일의 원리와 순서를 곰곰이 생각한 다음 행동으로 옮겨야 실수가 없는 법이란다."

『여씨춘추』

이 이야기는 『여씨춘추(呂氏春秋)』에 나오는 내용을 각색한 것입니다. 중국 진나라 때의 역사책.

관련 한자어

楚人有涉江者 其劍自舟中墜於水
초인유섭강자 기검자주중추어수

遽刻其舟 曰 "是, 吾劍之所從墜"
거각기주 왈 "시, 오검지소종추"

舟止 從其所刻者 入水求之
주지 종기소각자 입수구지

舟已行矣 而劍不行 求劍若此 不亦惑乎
주이행의 이검부행 구검약차 부역혹호

초나라 사람이 강을 건너는데, 그의 칼이 강물 속으로 떨어지자,

그 배에 표시하면서 말했다. "여기가 내 칼이 떨어진 곳이다."

배가 멈추자, 표시한 곳 아래 강 바닥을 더듬으며 칼을 찾았다.

배는 이미 움직였을 것이나 칼은 움직이지 못하였으니 칼을 찾는 것이 이와 같다면 또한 어리석지 않겠는가?

刻(새길 각) 舟(배 주) 求(구할 구) 劍(칼 검)

여기에서 나온 말이 '각주구검'입니다. 이 말은 '칼을 찾기 위해 배 위에 표시를 한다.'라는 뜻으로, 논리에 어긋나거나 현실에 맞지 않는 낡은 생각과 그런 생각만을 고집하는 어리석기 짝이 없는 사람을 가리키는 말이지요.

돌아온 여포

여포가 서울시축구협회의 후원으로 3개월간 해외축구유학을 떠나게 되었다. 하지만 무슨 영문인지 한 달이 채 되지 않아 한국으로 다시 돌아오고 말았다. 집에 도착한 여포는 진솔 선생님께 귀국 인사를 드리기 위해 곧장 맹공초등학교로 향했다.

"선생님, 저 브라질에서 돌아왔어요!"

여포가 교실 안으로 들어서자, 진솔 선생님은 모처럼 보는 귀한 제자인데도 전혀 반가워하지 않았다.

"여포로구나……."

진솔 선생님의 무덤덤한 표정에 여포가 크게 당황해하며 진솔 선생님을 바라보았는데 놀랍게도 한 줄기 눈물이 진솔 선생님의 볼을 타고 아래로 길게 흘러내리는 것이었다.

"선생님!"

여포가 깜짝 놀라며 눈을 동그랗게 뜨자, 그제야 진솔 선생님이 자리에서 일어나 여포를 뜨겁게 끌어안았다.

"여포야. 나도 네가 무척 보고 싶었단다. 하지만 오늘처럼 이런 모습으로 만나고 싶진 않았어. 선생님이 기다린 건 3개월간의 어렵고 힘든 축구 유학을 무사히 끝마친 네가 우리 반 아이들의 축복을 받으며 교실에 당당히 들어서는 모습이었지. 그때 네게 주려고 이렇게 새 축구화도 준비

해 두었는데……. 하지만 한 달도 채 되지 않아 축구 유학을 그만두었다니, 선생님이 널 잘못 가르친 것 같아 마음이 너무 아프구나……."

순간, 여포는 자신의 잘못을 깨달았다.

"선생님, 제가 잘못했어요. 용서해 주세요."

"아냐. 어쩌면 어린 너에게 너무 무리였는지도 모르지. 맹자 역시 어린 시절 너와 똑같았는데 말이야."

"맹자도요?"

"그래. 맹자도 네 나이 때 유학을 떠난 적이 있었단다. 하지만 어머니가 너무 그리웠던 맹자는 몇 달도 견디지 못하고 그만 집으로 돌아와 버렸지.

"그래, 글은 많이 배웠느냐?"

맹자가 방 안으로 들어서자, 베틀 앞에 앉아 있던 어머니가 태연한 얼굴로 맹자에게 물었단다.

"별로 배우진 못했습니다. 하지만……."

맹자가 이렇게 말끝을 흐리자, 맹자의 어머니는 갑자기 짜고 있던 베를 가위로 끊어 버렸지.

"어머니! 왜 이러십니까?"

맹자가 당황하여 묻자, 맹자의 어머니는 맹자를 향해 엄한 목소리로 꾸짖듯 말씀하셨어.

"네가 공부를 중간에 그만두고 이렇게 돌아온 것은 지금 내가 짜고 있던 이 베를 가위로 끊어 버린 것과 뭐가 다르겠느냐. 내 말뜻을 이해하겠거든 다시 돌아가거라!"

어머니의 말씀에 큰 깨달음을 얻은 맹자는 다시 스승에게로 돌아가 전보다 더 열심히 공부했어. 그리하여 마침내 공자에 버금가는 위인이 되었단다.

여포야, 이처럼 무슨 일이든 한번 시작했으면 끝까지 해내는 게 중요하단다. 물론 무언가를 완벽하게 해낸다는 것은 끝없는 노력과 인내를 필요로 하는 힘든 일이지. 하지만 그 힘든 과정을 다 이겨 냈을 때 찾아오는 기쁨은 그 무엇과도 바꿀 수 없을 거야. 인내는 쓰지만 그 열매는 달다는 사실을 항상 가슴에 담아 두었으면 좋겠구나."

이 이야기는 『열녀전(烈女傳)』에 나오는 내용을 각색한 것입니다.

『열녀전』
중국의 여러 문헌에 기재된 역대의 뛰어난 여성들의 행적을 발췌하여 번역한 책.

관련 한자어

孟母曰 子之廢學 若吾斷斯織也
맹모왈 자지폐학 약오단사직야
孟子懼 旦夕 勤學不息
맹자구 단석 근학불식
師事子思 遂成天下之名儒
사사자사 수성천하지명유

맹자 어머니가 말하길 "네가 배움을 그만두는 것은
내가 짜던 이 베를 끊는 것과 같다."라고 했다.
맹자는 그 이후 아침저녁으로 쉬지 않고 부지런히 공부했다.
그리고 자사(子思)를 스승으로 섬겨 드디어 천하에 이름난 유학자가 되었다.

孟(맏 맹)　母(어미 모)　斷(끊을 단)　機(베틀 기)

여기에서 유래된 말이 '맹모단기'입니다. 이 말은 '맹자의 어머니가 짜고 있던 천의 실을 가위로 잘라 버렸다.'라는 뜻으로, 무슨 일이든 한 번 시작하였으면 끝까지 해내야 함을 강조하는 말입니다. 특히 공부란 것은 짧은 시간에 완성되는 것이 아니라 아주 오랜 시간에 거쳐 이루어지는 자신과의 힘겨운 싸움이기 때문에 끊임없는 인내와 노력을 필요로 한답니다.

화장실 청소부장이 된 장비

　교정 앞 은행나무가 연노랑으로 막 물들 때였다.
　매년 이맘때면 〈깨끗한 화장실 만들기 대회〉가 개최되었는데, 놀랍게도 장비를 비롯한 깊은샘 반의 몇몇 아이들이 스스로 화장실 청소를 하겠다고 나섰다.
　"교장 선생님, 저희들에게 화장실을 맡겨 주십시오. 열심히 청소해서 반드시 학교의 명예를 빛내겠습니다!"
　교장 선생님이 흔쾌히 허락하자, 장비와 아이들은 곧장 화장실로 달려가 청소를 하기 시작했다. 아이들은 매일 자신이 맡은 역할에 최선을 다했다. 그리하여 주위 사람들로부터 맹공초등학교 화장실은 식당으로 사용해도 괜찮을 정도라는 칭찬을 듣게 되었다.
　하지만 심사위원들이 도착하는 날 아침, 뜻밖의 일이 벌어졌다. 몇몇 아이들이 먹물이 묻은 붓을 화장실에서 아무렇게나 씻어 버려 화장실이 엉망이 된 것이다. 결국 심사는 그 상태에서 끝이 났고, 장비는 잔뜩 실망한 채 교실로 돌아와야만 했다.

진솔 선생님은 풀이 죽은 장비를 토닥이며 이렇게 말했다.

"상을 받는 것을 떠나 화장실이 깨끗해진 모습을 보니 선생님은 네가 너무나 자랑스럽단다. 앞으로도 계속 화장실을 깨끗이 만드는 데 앞장섰으면 좋겠구나."
"아뇨. 이제 청소는 그만 하고 싶어요……."
그러자 진솔 선생님이 장비의 두 손을 꼭 감싸 쥐었다.
"장비야, 물론 네 마음을 충분히 이해할 수 있어. 하지만 항우처럼 손쉽게 포기해서야 어찌 사내대장부라고 할 수 있겠니?"
그리고 잠시 초나라 왕 항우에 관한 이야기 한 토막을 들려 줬다.

옛날 초나라의 항우가 한나라의 유방에게 크게 패했을 때, 그는 오강 나루터까지 쫓기게 되었단다. 때마침 그곳의 촌장은 자신이 준비한 배를 항우에게 내어 주며 이렇게 말했지.
"폐하, 폐하의 고향인 강동으로 돌아가셔서 재기를 도모하십시오."
그러나 항우는 고개를 가로저으며 말했어.
"8년 전 천하통일이라는 명분하에 8,000여 명의 청년들을 데리고 고향을 떠난 내가 지금 무슨 면목으로 고향으로 되돌아갈 수 있단 말인가."
항우는 이렇게 자신의 신세를 한탄하며 결국 우미인과 함께 그곳에

서 자결하고 말았지. 그때 그의 나이가 서른한 살이었다니 그 촌장의 마음은 얼마나 안타까웠겠니.

항우가 죽은 지 천여 년이 지난 어느 날, 중국의 뛰어난 시인 두목은 항우를 생각하며 이런 시를 지었다고 해.

전쟁에서 누가 이길지는 아무도 예측할 수 없는 것
졌다 하여 부끄러워하지 말고 다시 도전해

보는 것이 참다운 남자라고 할 것이다
항우의 고향에는 젊고 뛰어난 인재가 많았으니
그들과 힘을 모아 다시 한 번 뜻을 펼쳤더라면 그 결과는 어찌 될지 몰랐으리라

"장비야, 만약 항우가 그날 죽지 않고 자신의 고향으로 돌아가 다시 한번 천하통일을 꿈꾸었다면 중국의 역사는 어찌 바뀌었을지 모른단다. 이번 일도 그래. 비록 오늘은 운이 없어 네가 이렇게 실망하고 말았지만, 만약 이 일을 교훈 삼아 다시 한 번 기회를 엿본다면 그땐 분명 좋은 일이 생길거야. 어때? 선생님을 믿고 한 번 더 도전해 보지 않겠니?"

장비는 결국 진솔 선생님 말씀을 따르기로 했다.

다음 날 예전의 밝은 모습으로 돌아온 장비는 친구들을 데리고 화장실로 갔다. 하지만 친구들은 대회도 끝난 마당에 무슨 청소냐며 모두 집으로 돌아가 버렸고, 결국 장비 혼자 청소를 해야만 했다.

그런데 그날 저녁, 심사위원들이 대회에 참가한 학교를 비밀리에 찾아다니며 2차로 화장실 청소상태를 점검했고, 결국 그 심사에서 가장 높은 점수를 받은 맹공초등학교는 최우수 학교로 선정되었다.

며칠 뒤 교육청에서 상장이 내려왔는데 그 안에는 '깨끗한 화장실 만들기 대회, 최우수 어린이 장비'란 글자가 또렷이 적혀 있었다.

진솔 선생님은 그 상장을 바라보며 환한 미소를 머금더니 장비를 향해 이렇게 말했다.

"봐라, 장비야! 이 상장은 네 노력에 대한 격려이기도 하지만 뜻밖의 실패에도 좌절하지 않고 잘 이겨 낸 네 용기에 대한 칭찬이기도 하단다. 더럽고 어려운 일은 모두 외면하는 세상에 스스로 학교 화장실을 깨끗하게 하려고 애썼던 너의 착한 모습에 선생님은 정말 큰 박수를 보내고 싶구나. 장비야, 정말 수고 많았어. 짝짝짝!"

이 이야기는 『제오강정(題烏江亭)』을 각색한 것입니다.

『제오강정』
시인 두목이 지은 시의 제목.

더 생각해 보기

2008년 베이징올림픽 수영 종목에서 한국인 최초로 금메달을 딴 '마린보이' 박태환 선수가 다음 해 로마 세계수영선수권대회에서 결선조차 오르지 못했을 때, 사람들은 많은 아쉬움을 드러냈죠.

특히 몇몇 신문사들은 '박태환이 훈련을 제대로 안 한다, 올림픽에서 금메달을 딴 이후로 정신자세가 해이해졌다, 우리나라엔 제대로 된 지도자가 없다.'라는 등 다양한 추측성 기사로 박태환 선수를 괴롭혔어요.

하지만 박태환 선수는 이런 소문들을 뒤로한 채 오로지 훈련, 또 훈련에만 매달렸다고 해요. 그렇게 지옥훈련을 거듭한 결과 2011년 상하이 세계수영선수권대회 자유형 400m에서 다시 금메달을 목에 거는 값진 결과를 얻을 수 있었죠.

물론 세계 최고의 자리를 계속 지켜 낸다는 것은 정말 힘든 일입니다. 하지만 그것보다 더 어려운 것은 실패를 겪어 바닥까지 추락한 다음 다시 정상의 자리에 올라서는 것입니다. 바로 수영 영웅 박태환 선수처럼 말이에요.

관련 한자어

勝敗兵家不可期 包羞忍恥是男兒
승패병가불가기 포수인치시남아
江東子弟俊才多 捲土重來未可知
강동자제준재다 권토중래미가지

승패는 병가도 기약할 수 없으니 분함을 참고 욕됨을 견디는 것이 사나이일 것이다. 강동의 자제 중에는 준재가 많으니 흙먼지 날리며 다시 도전했다면 승패를 알 수 없었을 터인데.

捲(걷을 권)　**土**(흙 토)　**重**(거듭할 중)　**來**(올 래)

여기에서 유래된 말이 '권토중래'입니다. 이 말은 '땅을 말아 올릴 듯 흙먼지를 일으키며 다시 쳐들어온다.'라는 뜻으로, 경쟁에 졌거나 도전에 실패한 사람이 힘과 세력을 회복해 다시 도전한다는 말입니다. 지혜롭고 용감한 사람은 결코 쉽게 포기하지 않습니다.

동탁, 도둑질을 하다

추석이 지난 어느 날, 동탁이가 문구점에서 학용품을 훔치다 주인아저씨에게 들켜 결국 파출소에 끌려가게 되었다.

이 소식을 전해 들은 교장 선생님은 급히 교감 선생님을 불렀다.

"교감 선생님, 동탁이란 아이가 학용품을 훔쳤다는데 알고 계신가요?"

"저도 방금 전에 연락받았습니다. 진솔 선생님이 맡고 계신 6학년 깊은샘 반 아이라더군요."

"진솔 선생님도 알고 계십니까?"

"아뇨. 아직 연락드리지 못했습니다."

"그래요? 그럼, 제가 직접 말씀드릴 테니 교감 선생님은 나가 보세요."

진솔 선생님에게 자신의 인자함을 보여 줄 좋은 기회라고 생각한 교장 선생님은 곧장 파출소로 전화를 한 다음, 진솔 선생님을 불렀다.

잠시 후, 진솔 선생님이 교장실로 들어왔다. 진솔 선생님이 의자에 앉자, 교장 선생님이 천천히 입을 열었다.

"진솔 선생님, 동탁이란 아이가 문구점에서 학용품을 훔치다 걸려서 파출소에 있다고 방금 전에 연락이 왔더군요."

"네?"

진솔 선생님이 깜짝 놀라며 자리에서 일어났다.

"아, 앉으세요. 너무 걱정하지는 마십시오. 제가 벌써 파출소장에게 말해 놓았으니까요. 그 아이의 담임 선생님은 아이들을 사랑과 지혜로 대하시는 아주 훌륭한 분이시니 잘 타일러 보내 주신다면 다시는 그런 일이 없을 거라고요. 파출소장도 그렇게 하시겠다는군요. 그러니 선생님께서도 동탁이가 돌아오면 너무 꾸짖지 마시고 잘 타일러 용서해 주십시오."

교장 선생님은 한껏 미소를 머금으며 이렇게 말했다. 그러나 진솔 선생님의 대답은 뜻밖이었다.

동탁, 도둑질을 하다

"교장 선생님의 말씀은 고마우나 전 동탁이를 용서할 수 없습니다."

"네? 무슨 말씀이십니까? 진솔 선생님같이 인자하신 분께서 용서를 안 하시겠다니요?"

교장 선생님이 두 눈을 동그랗게 뜨며 이렇게 묻자, 진솔 선생님이 단호한 눈빛으로 다시 말을 이었다.

"동탁이가 우리 학교 교칙을 어겼기 때문입니다."

"아, 그건 저도 알지요. 그래서 이번 한 번만 특별히 봐 주겠다는 것 아닙니까."

순간, 진솔 선생님이 대뜸 이렇게 물었다.

"교장 선생님, 『한비자』를 읽어 보셨는지요?"

"그야 당연히 읽어 보았죠. 법치주의를 강조한 중국 전국 시대의 책 아닙니까."

"네. 그 책에는 이런 이야기가 나옵니다.

　옛날 중국 진나라에 석저라는 <mark>판관</mark>이 살고 있었습니다. 그는 어떤 복잡한 사건도 명쾌하게 해결하여 왕으로부터 큰 칭찬을 받곤 했지요. 한번은 자기 고향에서 발생한 살인사건을 맡게 되었는데 놀랍게도 그 사건의 범인이 자신의 아버지라는 사실을 알게 되었습니다.

　다음 날 그는 왕에게 찾아가서 그 사실을 알리고 죽기를 간절히 원했지요. 진나라에서는 아버지가 죄를 지으면 그 자식들도 벌을 받아야 했으니까요. 하지만 왕은 그의 뛰어난 능력과 사람됨에 반해 결국 그를 용서해 주었습니다. 그러나 며칠 뒤, 석저는 죄책감을 이겨 내지 못하고 그만 스스로 목숨을 끊고 말았어요.

　석저는 마지막으로 이런 말을 남겼다고 합니다.
"아버지를 위하지 않는다면 효자라 할 수 없고, 임금을 섬기지 않는다면 충신이라 할 수 없다. 임금께서 나를 용서하시는 것은 은혜로운 일이지만, 그래도 이 몸은 한 나라의 신하로서 국법을 어길 수 없구나."

> **판관**
> 사건의 재판을 담당하는 관리.

국법을 어길 수는 없다…

교장 선생님, 이 이야기는 우리에게 법을 지키는 일의 중요성을 강조하고 있습니다. 나라에는 국민이 지켜야 할 법이 있듯, 우리 학교에는 학생들이 반드시 지켜야 할 교칙이 있습니다. 학교에서 교칙을 만드는 것은 학생들이 나쁜 행동을 하지 못하게 하고, 올바른 시민으로 성장시키기 위함입니다. 교장 선생님께서 동탁이의 잘못된 행동을 용서해 주시고자 하는 마음은 고마우나 전 학교의 교칙을 반드시 따를 것입니다."

이 이야기는 『한비자』에 나오는 내용을 각색한 것입니다.

더 생각해 보기

고대 그리스의 철학자 소크라테스는 아테네의 법정에서 신을 섬기지 않고 젊은이들을 타락시킨다는 이유로 사형선고를 받습니다. 감옥에 갇혀 사형집행을 기다리고 있던 어느 날 그의 친구인 크리톤이 찾아와 도망갈 방법을 마련해 두었다고 말하죠. 하지만 소크라테스는 "나는 법을 지키겠네. 악법도 법이니까."라고 말하며 탈옥을 거절합니다. 비록 법이 잘못되었다 할지라도 시민은 그 법을 지켜야 한다는 것이 소크라테스의 생각이었기 때문입니다.

하지만 요즘은 '악법도 법이다.'란 말에 대한 반대 의견이 더 우세한 것 같아요. 생명까지 희생하며 지켜야 할 법은 '정당한 법'이어야 한다는 거죠. 악법은 결국 나쁜 법이니 법을 고치든가 아니면 지키는 것을 거부해야 한다는 게 요즘 사람들의 생각인 것 같습니다. 여러분의 생각은 어떠한가요?

관련 한자어

虎豹之所以能勝人執百獸者 以其爪牙也
호 표 지 소 이 능 승 인 집 백 수 자　이 기 조 아 야

모든 짐승이 호랑이를 두려워하는 것은 날카로운 발톱과 이빨이 있기 때문이다.

이 말은 질서 있는 사회를 만들려면 너그럽게 용서하는 마음도 필요하겠지만 그에 못지않게 아주 엄격한 법도 필요하다는 뜻입니다.

초선이는 몸치예요

교내 무용대회를 보름여 앞둔 어느 날, 진솔 선생님은 무용실로 향하다 복도 계단에 쪼그리고 앉아 있는 초선이를 발견했다.

"초선아, 여기서 뭐 해? 친구들이랑 연습하지 않고."

"선생님, 저 이번 무용대회에서 빠지면 안 될까요……?"

가까이에서 보니 초선이의 눈에는 눈물이 그렁그렁했다.

"대회를 빠지다니, 왜?"

"남자아이들이 연습시간만 되면 절 몸치라고 비웃어요. 전 그 소리가 너무 듣기 싫어요. 흐흑!"

순간, 초선이가 북받쳐 오르는 감정을 참지 못하고 결국 울음을 터뜨렸다.

"이런, 6학년이 그만한 일로 울어서야 되겠니."

진솔 선생님이 초선이 옆에 앉더니 어깨를 가볍게 토닥였다.

잠시 후, 초선이가 울음을 그치자 진솔 선생님이 조심스레 초선이에게 말을 건넸다.

"초선아, 한 가지 물어봐도 돼?"

"네? 네……."

"네가 생각하기에 네 무용 솜씨가 어떻다고 생각해?"

"그건……."

"솔직하게 말해 봐."

"그, 그게……, 잘하는 편은 아니에요. 하지만……."

초선이가 눈물을 닦으며 말끝을 흐렸다. 그러자 진솔 선생님이 초선이의 손을 꼭 감싸 쥐며 말했다.

"초선아, 선생님 이야기 잘 들어 봐."

어느 날, 비둘기가 산속을 헤매다 나뭇가지에 앉아 이삿짐을 챙기고 있는 올빼미를 만났대.

올빼미의 행동을 이상하게 여긴 비둘기가 이렇게 물었지.

"너 지금 어디로 가려는 거야?"

"응. 동쪽으로 이사를 떠나려는 참이야."

"이사라니? 왜?"

"마을 사람들이 모두 내 울음소리를 싫어한대. 그래서 동쪽으로 둥지를 옮기려고."

그러자 비둘기가 한심하다는 듯한 표정으로 이렇게 말했대.

"쯧쯧……, 올빼미야, 그건 네가 잘못 판단한 것 같아. 이사를 가는 것보다 네 울음소리를 바꾸려고 노력해야지. 울음소리를 바꾸지 않는다면 어느 누가 널 반갑게 맞아주겠니?"

"후훗, 저랑 비슷한 올빼미네요."
초선이의 얼굴에 그제야 엷은 미소가 맺혔다.
"그렇지? 초선아, 선생님 생각도 비둘기와 비슷하단다. 아이들이 네 무용 솜씨를 놀린다고 해서 도망치듯 포기하는 것보단 무용을 잘하기 위해 좀 더 고민하고 노력하는 게 더 옳은 방법이 아닐까? 만약 무용 솜씨가 나아지지 않는다면 언젠가 다시 똑같은 고민에 빠지게 될 테니 말이야. 물론 널 비웃으며 놀리는 녀석들은 내가 따끔하게 혼내 줄게. 그러니 오늘부터라도 나랑 매일 20분씩 따로 연습을 하자꾸나. 어때? 괜찮겠지?"
"네. 좋아요, 선생님!"
초선이가 활짝 웃으며 대답했다.

이 이야기는 『설원(說苑)』에 나오는 내용을 각색한 것입니다.

『설원』
중국 전한시대의 학자인 유향이 지은 교훈적인 내용을 담고 있는 설화집.

관련 한자어

鳩曰 "子能更鳴 可矣
구왈 "자능경명 가의
不能更鳴 東徙 人猶惡子之聲"
부능경명 동사 인유악자지성"

비둘기는 이렇게 말했다. "자네의 울음소리를 바꾸는 게 더 좋겠네. 울음소리를 바꾸지 않는다면 동쪽 마을로 이사를 가도 사람들은 자네의 소리를 싫어할 걸세."

梟(올빼미 효) 鳩(비둘기 구)

이 이야기에서 나온 말이 '효여구(梟與鳩)'입니다. 이 말은 '비둘기가 올빼미를 돕다.'라는 뜻으로, 어떤 문제가 발생했다면 그 원인을 찾아 해결해야지 모른 척하거나 도망쳐서는 안 된다는 뜻을 담고 있습니다. 자신의 잘못이나 문제점을 찾아 고칠 수 있는 용기, 그것이야말로 진정한 자기 발전의 밑거름입니다.

두 마리 개를 동시에 잡는 방법

진솔 선생님과 맹달 선생님이 저녁 늦게까지 강당에 남아 가을 학예회에 사용할 무대배경을 만들고 있었다. 그런데 갑자기 강당 옆 급식소에서 무언가 달그락거리는 소리가 나는 것이었다.

"진솔 선생님, 급식소에서 이상한 소리가 들리는 것 같은데요."

맹달 선생님이 진솔 선생님 뒤로 황급히 몸을 숨기며 이렇게 나지막이 속삭였다.

"뭘까요? 이 시간이면 영양사 선생님도 퇴근했을 텐데……. 한번 가 볼까요?"

"저랑 같이요? 아, 안 됩니다! 전 어려서부터 심장이 약해서……. 진솔 선생님 혼자 다녀오십시오. 전 계속 무대를……."

하지만 맹달 선생님은 진솔 선생님 손에 이끌려 급식소로 가게 되었다.

급식소에가 보니 시커먼 개 두 마리가 바닥에 놓인 닭고기 상자를 뒤지고 있었다. 상자 안에는 오늘 반찬으로 사용하고 남은 조그마한 고깃덩어리 하나가 들어 있었는데 개들이 그 냄새를 맡은 것 같았다.

"이 놈의 멍멍이들이……."

소리의 정체를 확인한 맹달 선생님이 용기가 생겼는지 배식대 옆에 놓인 방망이를 집어 들고 앞으로 나가려고 했다. 그러자 진솔 선생님이 잽싸게 맹달 선생님 앞을 가로막았다.

"왜요? 제가 저놈들한테 당할 것처럼 보입니까? 저 이래 봬도 태권도 노란 띠예요. 검도도 한 달 넘게 배웠고요!"

맹달 선생님이 집어 든 방망이를 빙빙 휘두르며 씩씩거렸다.

"아뇨. 서두를 필요가 없을 것 같아 그럽니다."

"네? 서두를 필요가 없다니요? 잠시 후면 식당이 엉망이 될 텐데요."

맹달 선생님이 두 눈을 끔벅이며 이렇게 묻자, 진솔 선생님은 나지막한 목소리로 다시 말을 이었다.

"먼저 제 이야기부터 들어 보십시오. 아마 제 이야기가 끝날 때쯤이면 저 녀석들은 서로 적이 되어 있을 것입니다."

그렇게 해서 진솔 선생님의 이야기는 시작되었다.

전국시대, 한나라와 위나라가 수시로 전쟁을 일으키자 이웃한 진나라는 혹시 전쟁의 불길이 자신의 나라로 향하지 않을까 고민이었습니다. 그러던 어느 날, 진나라 혜문왕이 이 문제로 신하 진진과 대화를 나누었죠.

"한나라와 위나라 때문에 요즘 도통 잠을 이룰 수가 없구려. 차라리 우리가 먼저 군사를 일으켜 두 나라를 공격하는 것이 더 나을 듯한데 그대의 생각은 어떠하오?"

그러자 진진이 이렇게 말하는 것이었습니다.

"춘추시대 때 노나라에는 용기가 뛰어나고 힘이 장사인 변장자라는 사람이 살고 있었습니다. 하루는 그가 호랑이 가죽을 구하기 위해 깊은 산속을 헤매고 있었는데 때마침 두 마리의 커다란 호랑이가 서로를 물어뜯으며 싸우고 있는 것이었습니다. 이 장면을 본 변장자가 허리에 찬 칼을 빼들고 호랑이를 향해 달려들려고 하자, 어린 사내아이 하나가 그의 앞을 가로막으며 말했습니다.

'어르신, 지금 두 마리의 호랑이가 서로 맹렬히 싸우고 있습니다. 저 상태라면 분명 힘이 센 호랑이가 힘이 약한 호랑이를 이길 것입니다. 하지만 힘이 센 호랑이 역시 심각한 상처를 입겠지요. 그때를 기다려 호랑이를 사냥하신다면 큰 힘 들이지 않고 두 마리의 호랑이를 잡으실 수 있을 것입니다.'

변장자는 그 사내아이의 말을 따르기로 했고, 결국 힘들이지 않고 두 마리의 호랑이를 잡는 데 성공했습니다."

진진의 말을 들은 혜문왕은 그제야 자신의 생각이 쓸데없는 걱정이었음을 깨닫고 환한 미소를 머금었습니다.

진솔 선생님의 이야기가 끝이 나자, 정말 두 마리의 개가 고깃덩어리 하나를 사이에 두고 서로의 얼굴을 마주 보며 으르렁거리기 시작했다.
"오호! 저 입가에 맺힌 허연 침 좀 보십시오. 정말 자기들끼리 싸우려는 모양인데요."
맹달 선생님이 신기한 듯 두 눈을 동그랗게 뜨며 말했다.
진솔 선생님이 빙긋이 미소를 머금었다.
"보다시피 저 우둔한 개 두 마리가 지금 조그만 고깃덩어리 한 개를 놓고 서로 으르렁대고 있습니다. 잠시 뒤면 두 마리는 분명 싸우게 될 것이고, 그렇게 되면 힘이 센 놈이 이기기는 하겠지만 둘 다 큰 상처를 입고 지쳐 버릴 것입니다. 그때 저놈들을 쫓아 버리면 우린 힘들이지 않고 이 상황을 해결할 수 있지 않겠습니까?"

이 이야기는 『전국책(戰國策)』에 나오는 내용을 각색한 것입니다.

『전국책』
중국 전국시대에 일어났던 일들을 각 나라별로 정리한 책.

더 생각해 보기

옛 중국 당나라는 이이제이(以夷制夷) 정책을 잘 활용했다고 합니다. '이이제이'는 '오랑캐로 오랑캐를 무찌른다.'라는 뜻인데요. 이것은 중국이 주변 나라들의 힘이 강해지는 것을 막기 위해 사용한 독특한 전략이었습니다. 즉, 주변 나라들끼리 서로 경쟁하고 싸우게 만들어서 차츰 힘이 약해지도록 하는 것이었죠.

이해가 되지 않는 어린이들을 위해 한 가지 예를 들어 보겠습니다.

먼저, 중국 북쪽에 있는 나라가 차츰 힘이 강해져 중국과 대등한 군사력을 갖추었다고 가정해 봅시다. 이때 중국은 당연히 두려움을 느끼겠죠. 하지만 중국은 자신이 직접 북쪽 나라와 싸우지 않습니다. 그 대신 동쪽에 있는 나라에게 북쪽 나라와 전쟁하라고 부추깁니다.

"북쪽 나라가 조만간 너희 나라에 쳐들어 올 거야. 우리가 도와줄 테니 너희들이 먼저 공격하도록 해."

중국의 협박과 회유에 넘어간 동쪽 나라는 결국 북쪽 나라와 전쟁을 하게 되고, 그 결과 두 나라 모두 큰 피해를 입게 됩니다. 그렇게 북쪽 나라의 힘이 약해지면 중국은 그 틈을 이용해 북쪽 나라를 손쉽게 차지해 버리는 것입니다.

마치 개 두 마리가 싸우다 지칠 때를 기다려 급식소 밖으로 쫓아낸 진솔 선생님처럼 말이에요.

> **오랑캐**
> 중국 주변에 있는 나라. 중국은 자기 주변에 있는 나라들을 모두 '오랑캐'라고 부르며 무시했음.

관련 한자어

莊子從傷者而刺之 一擧果有雙虎之功
장 자 종 상 자 이 자 지 일 거 과 유 쌍 호 지 공

변장자가 칼을 빼 들고 상처 입은 호랑이를 손쉽게 찔러 죽였다. 변장자는 한꺼번에 호랑이 두 마리를 잡을 수 있었다.

刺(찌를 자)　擧(들 거)　虎(호랑이 호)　功(공 공)

이 말에서 나온 말이 '변장자호(卞莊子虎)'입니다. 이 말은 변장자라는 사내가 힘 하나 들이지 않고 두 마리의 호랑이를 물리쳤다는 뜻으로, 상대방의 약점을 잘 파악한 뒤, 적절한 기회가 왔을 때 행동으로 옮긴다면 손쉽게 이익을 얻을 수 있다는 말입니다.

유비의 서예 솜씨는 놀라워요

전국 서예대회에 유비가 맹공초등학교 대표로 출전하게 되었다.

심사위원들 앞에서 전혀 당황하지 않고 붓을 놀리는 유비의 서예 솜씨는 단연 최고였다.

화선지를 바라보는 유비의 눈은 반짝반짝 빛이 났고, 싹싹 쓱쓱 붓끝을 움직일 때마다 아름다운 글씨가 한 폭의 그림처럼 펼쳐졌다.

'아! 정말 대단한걸……. 초등학생이 어른의 솜씨를 뛰어넘는구나.'

심사위원들은 감탄사를 내뱉으며 유비 곁으로 모여들었다. 그때 한 심사위원이 유비에게 물었다.

"애야, 네 글씨가 마치 살아 꿈틀대는 것 같구나. 그 비결이 뭐니?"

그러자 유비는 붓을 벼루에 내려놓은 다음 이렇게 말했다.

"저는 부모님이나 선생님의 강요로 서예를 배운 게 아니에요. 제가 정말

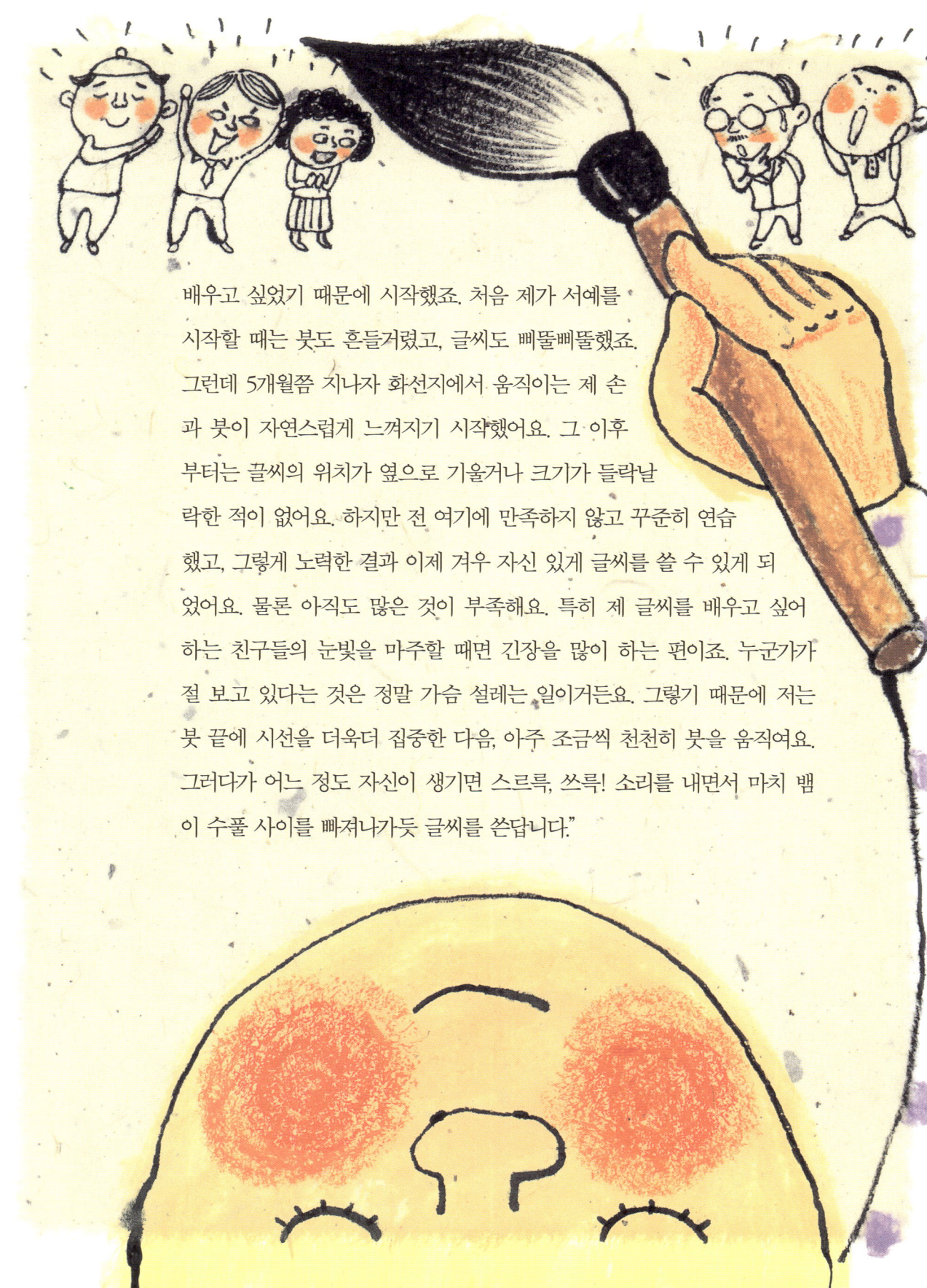

배우고 싶었기 때문에 시작했죠. 처음 제가 서예를 시작할 때는 붓도 흔들거렸고, 글씨도 삐뚤삐뚤했죠. 그런데 5개월쯤 지나자 화선지에서 움직이는 제 손과 붓이 자연스럽게 느껴지기 시작했어요. 그 이후부터는 글씨의 위치가 옆으로 기울거나 크기가 들락날락한 적이 없어요. 하지만 전 여기에 만족하지 않고 꾸준히 연습했고, 그렇게 노력한 결과 이제 겨우 자신 있게 글씨를 쓸 수 있게 되었어요. 물론 아직도 많은 것이 부족해요. 특히 제 글씨를 배우고 싶어 하는 친구들의 눈빛을 마주할 때면 긴장을 많이 하는 편이죠. 누군가가 절 보고 있다는 것은 정말 가슴 설레는 일이거든요. 그렇기 때문에 저는 붓 끝에 시선을 더욱더 집중한 다음, 아주 조금씩 천천히 붓을 움직여요. 그러다가 어느 정도 자신이 생기면 스르륵, 쓰륵! 소리를 내면서 마치 뱀이 수풀 사이를 빠져나가듯 글씨를 쓴답니다."

유비의 말이 끝나자, 심사위원들은 더욱더 감동한 듯 박수를 쳤다.

그때였다. 관람석에서 이 장면을 유심히 지켜보고 있던 맹달 선생님이 옆에 앉아 있는 진솔 선생님을 향해 고개를 돌렸다.

"오, 유비가 어느새 포정의 도를 이해했나 봅니다!"

순간 진솔 선생님이 깜짝 놀라며 떡 벌어진 입을 다물지 못했다.

"왜 그리 놀라십니까?"

"아, 아닙니다. 근데 포정에 관한 이야기는 어떻게……?"

진솔 선생님이 그제야 입을 다물며 맹달 선생님께 물었다.

"아하, 요즘 제가 동양고전을 좀 읽고 있지요. 제 머리가 비상해서 그런지 포정에 관한 내용은 너무나도 생생하네요. 하하하! 책 제목은 정확하게 기억나지 않지만 아마도 이런 내용이었던 것 같습니다."

포정은 칼 다루는 솜씨가 아주 뛰어난 <mark>백정</mark>이었는데 하루는 왕 앞에서 소를 잡게 되지요.

포정이 칼을 들고 소를 베기 시작하자, 살 베는 소리가 마치 아름다운 음악 같았고, 동작 하나하나가 흡사 춤을 추는 듯했다는군요. 그러자 왕은 감탄한 듯 포정에게 물었죠.

"자네는 어떻게 해서 이와 같은 솜씨를 가지게 되었는가?"

그러자 포정은 이렇게 대답했지요.

"처음 소를 잡았을 때, 제 눈에는 소의 겉모습만 보였습니다. 하지만 3년이 지나자, 소의 모습이 차츰 눈앞에서 사라지더군요. 다시 10년

백정
소·돼지·개 따위를 잡는 일을 직업으로 삼는 사람.

이 흐른 지금, 저는 오로지 마음으로 소를 볼 뿐 눈으로는 소를 보지 않습니다. 그렇게 마음의 눈으로 소의 큰 틈새와 빈 곳을 따라 칼을 움직이다 보니 힘줄이나 질긴 근육은 물론 큰 뼈조차 건드리는 일이 없습니다.

능숙한 백정이 일 년마다 칼을 바꾸는 것은 살을 잘못 베기 때문이며, 보통 백정이 일 개월마다 칼을 바꾸는 것은 뼈를 스치는 실수를 범하기 때문입니다. 지금 제 손에 있는 이 칼은 10년이 넘도록 사용했지만 이제 막 숫돌에 간 것처럼 날이 예리합니다.
물론 아직도 전 뼈나 근육이 복잡하게 뒤엉켜 있는 곳을 만나면 어려움을 느끼고, 긴장도 하게 됩니다. 그럴 때마다 정신을 한곳에 모으고, 손놀림을 늦추어 칼을 조금씩 움직입니다. 그러다 보면 마치 쌓여 있던 흙더미가 무너져 내리듯 일시에 고기가 보기 좋게 나뉩니다. 그럼 호흡을 고른 다음 칼을 깨끗이 닦아 칼집 속에 집어넣습니다."
포정의 이야기를 다 들은 문혜왕은 박수를 치며 크게 감동했다고 합니다.

이 이야기는 『장자』에 나오는 내용을 각색한 것입니다.

더 생각해 보기

선생님은 어린 시절 아버지에게 바둑을 배웠습니다. 아버지는 한국 바둑의 전설이자, '돌부처'란 별명으로 유명한 이창호 9단을 참 좋아하셨어요. 특히 끝까지 인내심을 잃지 않고 상대의 허점을 기다릴 줄 아는 바둑에 아낌없는 찬사를 보내시곤 하셨죠. 그래서인지 지금도 이창호 9단에 관한 기사는 빼놓지 않고 스크랩해 두신답니다.

그중 한 편을 여러분들께 소개해 드리려고 해요. 제목은 「군자의 대국」입니다. 물론 여기서 군자란 이창호 9단을 가리키는 말이겠죠.

군자
학식과 덕행이 높은 사람.

나는 바둑을 좋아합니다. 겨우 아마 4, 5급의 실력이지만 보는 눈은 높아서인지 이창호 9단의 바둑에 푹 빠져 있습니다. 그는 언제나 여유를 가지고 천천히 바둑을 둬 나가다가도 상대방이 어쩌다 한번 무리수를 두었다 하면 가차 없이 몰아붙여서 대국을 승리로 이끕니다.

무엇보다 그의 매력은 정확하고 빠른 계산을 바탕으로 하여 자기가 유리하다고 생각할 때는 결코 잔인하게 상대를 죽이지 않는 데 있습니다. 여기저기 잡을 수 있는 말들을 살려 주면서 자기의 집을 넓혀 가는 마음 자세가 너무나 아름답습니다.

한 치의 실수도 없는 계산된 행마, 상대의 마음에 상처를 주지 않으면서 자기 집을 넓혀 나가는 기사도 정신, 이기고 지는 데 집착하지 않고 한 걸음 한 걸음씩 성실하게 자신의 성을 쌓아 가는 이창호 바둑에서 나는 인생을 배웁니다.

행마
바둑에서 집을 짓기 위해 돌을 놓는 것.

여운학(「사랑의 편지」 발행인)

관련 한자어

文惠君曰 善哉 吾聞庖丁之言 得養生焉

문혜군왈 선재 오문포정지언 득양생언

문혜군이 말하기를, 참으로 훌륭하구나. 나는 포정의 말을 듣고 나라 다스리는 방법을 알게 되었노라.

庖(부엌 포)　丁(성할 정)　解(풀 해)　牛(소 우)

이 이야기에서 나온 '포정해우'라는 고사성어는 기술이나 솜씨가 놀라울 정도로 뛰어날 때 쓰이는 말입니다. 어떤 분야에서건 최고가 되기 위해서는 오랜 세월을 배우고 익혀야 합니다. 그런 사람들을 우린 명장(名匠)이라고 부르지요.

명장
기술이 뛰어나 이름난 장인.

색안경을 끼고 세상을 보다

어느 날 장비가 값비싼 샤프를 잃어버렸다. 누가 훔쳐 갔을까 하고 생각해 보니, 아무래도 동탁이가 수상했다. 쉬는 시간만 되면 자신을 슬쩍슬쩍 피하는 것도 그렇고, 일부러 말을 걸어 보아도 한마디 대꾸조차 하지 않는 것도 의심스러웠다. 가끔 눈이 마주칠 때면 마치 죄지은 사람처럼 고개를 푹 숙이는 행동 역시 수상하기 짝이 없었다.

'동탁이가 훔쳐 간 게 분명해. 지난 번 문구점 사건도 그렇고. 선생님께 알려야겠어.'

체육시간, 장비는 곧장 교무실로 달려가 의심스러운 점들을 진솔 선생님께 낱낱이 이야기했다.

"그래? 그럼 교실로 가 보자."

아이들이 운동장으로 모두 나간 탓에 교실 안은 텅 비어 있었다.

교실로 들어선 선생님은 곧장 장비의 책상 앞으로 걸어갔다.

"선생님, 그건 제 책상이에요. 동탁이 책상은 여기인데요."

장비가 동탁이의 책상을 손으로 가리키며 말했다.

하지만 진솔 선생님은 아무런 대꾸도 없이 장비의 책상과 그 주위를 꼼꼼히 뒤지기 시작했다.

결국 장비의 샤프는 책상 옆에 걸린 신발주머니 속에서 발견되었다.

"네가 잃어버렸다는 게 이거니?"

선생님이 장비를 향해 고개를 돌리며 물었다.

"네……."

장비가 기어들어 갈 듯한 목소리로 대답하자, 진솔 선생님이 굳은 표정으로 장비의 얼굴을 빤히 쳐다보더니 이렇게 말했다.

"장비야, 빨간색 안경을 끼고 세상을 보면 사물이 온통 빨간색으로 보인단다. 파란색 안경을 끼면 파란색으로 보이지. 의심하는 것도 이와 마찬가지야. 의심하는 눈으로 세상을 보면 온통 의심으로 보이지. 그래서 의심의 눈은 버려야 하는 거야.
선생님이 며칠 전에 읽은 책에도 오늘과 비슷한 사건이 등장하더구나.

이야기 속 주인공은 보물처럼 여기던 도끼를 그만 자신의 곳간 근처에서 잃어버렸어. 그런데 때마침 옆집 아들의 태도가 참으로 수상해 보이더라는 거야. 어쩌다 밖에서 마주치면 자기를 피하는 것 같았고, 자기를 흘끔흘끔 훔쳐보는 행동하며, 말을 더듬거리는 것까지 꼭 도둑 같았지.

남자는 옆집 아들이 훔쳐 갔다고 확신했지만 구체적인 증거를 찾을 수가 없었어. 그러던 어느 날, 남자는 잃어버렸던 도끼를 자신의 곳간 짚더미 속에서 발견했단다.

'아차! 내가 도끼를 여기다 두고 깜박 잠이 들었었구나.'

그런데 참으로 이상한 게 하나 있었어. 이렇게 도끼를 되찾자, 이번엔 하는 짓마다 수상하게만 보이던 옆집 아들의 행동이 하나도 수상해 보이지 않더라는 거야.

또한 의심은 무서운 병이 될 수도 있단다. 의심하는 사람과 의심받는 사람은 똑같이 큰 상처를 받을 수 있기 때문이야."

이 이야기는 『열자(列子)』에 나오는 내용을 각색한 것입니다.

『열자』
중국 전국시대 때 사상가인 열자가 쓴 책.

관련 한자어

疑心生暗鬼

의 심 생 암 귀

의심하는 마음이 있으면 있지도 않은 귀신이 불쑥 튀어나온다.

疑(의심할 의) 心(마음 심) 暗(어두울 암) 鬼(귀신 귀)

이 말은 남을 믿지 못하거나 의심으로 가득 차 있으면 별것 아닌 일까지도 두렵거나 불안해진다는 뜻입니다.

뜀틀운동을 잘하는 방법

"먼저 선생님의 시범을 잘 보도록 하세요."

체육시간, 진솔 선생님이 6단 높이의 뜀틀을 향해 힘차게 내달렸다.

'말도 안 돼. 저렇게 짤막한 몸으로 어떻게 뜀틀을 넘는단 거야……'

아이들과 함께 이 장면을 숨죽이며 지켜보고 있던 조조는 솔직히 걱정이 앞섰다.

하지만 진솔 선생님은 조조의 예상을 비웃기라도 하듯 엄청난 높이의 뜀틀 위에서 완벽하게 앞구르기를 해냈다. 그 손놀림과 동작이 얼마나 빠르고 정확한지 조금의 실수도 없었다.

그때 동탁이가 신기한 듯 자리에서 벌떡 일어나더니, 휘파람을 불어 대며 이렇게 소리쳤다.

"휘익~, 우웃빛깔 진솔 샘! 뜀틀 천재 진솔 샘!"

　진솔 선생님은 동탁이의 환호에 더욱 신이 난 듯 한 손 짚고 옆돌기, 다리 모아 넘기, 뜀틀 위에서 물구나무서기 등 다양한 동작을 연달아 보여 주었다.
　그렇게 시범이 모두 끝나자, 깊은샘 반 아이들은 우레와 같은 함성과 박수로 선생님을 맞이했다.
　"자, 그럼 잠시 쉬었다 하도록 하겠어요."
　5분간의 휴식시간이 주어지자, 동탁이가 진솔 선생님 옆으로 쪼르르 달려왔다.
　"선생님, 저도 선생님처럼 할 수 있을까요?"
　동탁이가 두 눈을 반짝이며 이렇게 묻자, "물론이지." 하고 진솔 선생님이 이마에 맺힌 땀을 손등으로 훔치며 말했다.
　"동탁아, 뜀틀운동을 할 때는 먼저 낮은 높이에서부터 연습을 시작하는 게 좋단다. 그렇게 조금씩 높이를 높여 나가는 지혜가 필요해. 하지만 가장 중요한 건 역시 자신에 대한 믿음이란다. 선생님은 뜀틀을 넘기 전 항상 '난 할 수 있어!' 하고 자신감을 북돋운단다. 그러면 실패하거나 다칠지도 모른다는 두려움은 차츰 사라지고, 내가 원하는 동작을 뜀틀 위에서 마음껏 표현할 수 있게 되지. 다른 운동도 마찬가지야. 자신을 믿고

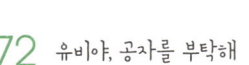

끊임없이 노력한다면 그 어떤 운동이 어렵겠니. 그런데 동탁아, 『장자』란 책에 등장하는 곱사등이 노인에 비한다면 선생님은 정말 아무것도 아니란다."

"네? 그 노인이 선생님보다 뜀틀을 더 잘 넘으신다는 거예요?"

"아니. 그분은 매미를 잡으시는 분이었지."

"오! 어떤 분인지 궁금해요."

"좋아. 그럼 선생님 이야기를 잘 들어 보렴.

> 곱사등이
> 등이 굽고, 큰 혹 같은 것이 불룩 튀어나온 사람.

옛날 어느 시골 마을에 태어날 때부터 허리를 펼 수 없었던 곱사등이 노인 한 분이 살았단다. 그런데 그 노인은 허리가 굽었음에도 불구하고 매미를 아주 능숙하게 잡아 보는 사람들이 다 감탄할 정도였지. 그 손놀림과 동작이 마치 춤을 추는 듯했다니 어느 정도였는지는 상상할 수 있겠지.

어느 날 공자가 이 노인에 대한 소문을 듣고 그의 집을 직접 찾아갔단다.

"어르신, 매미 잡는 솜씨가 보통이 아니라는데 도대체 그 비결이 뭡니까?"

공자가 공손히 인사를 건네며 이렇게 묻자, 노인이 껄껄 웃으며 대답했지.

"비결이 있긴 있지요. 바람이 세차게 부는 날, 전 장대 끝에 큰 천 두 개를 매달아 놓고 장대가 흔들리지 않도록 꼭 붙잡고 있는 연습을 합니다. 그러면 어느 순간 장대와 제 팔이 한 몸이 되었구나 하는 느낌을 받습니다. 그때 천을 한 개 더 매달아 놓고 제가 원하는 방향으로 세차게 휘둘러 봅니다. 처음엔 힘들지만 차츰 제 동작이 자연스러워집니다. 그러면 전 다시 천을 두 개 더 매달고 목표물을 향해 정확하게 휘두르는 연습을 합니다. 이런 식의 훈련을 10년 넘게 하다 보니 이젠 마치 젓가락을 다루듯 매미채를 다룰 수 있게 되었습니다.

또한 몸을 움직이지 않는 연습도 많이 합니다. 몸을 말뚝이나 나뭇등걸처럼 고정하고, 팔만 살짝 움직여 매미를 잡는 것입니다. 그럴 때마다 저는 옆으로 돌아보거나 시선을 움직이지 않습니다. 이렇게까지 하는데 어떻게 매미를 잡는 게 쉽지 않겠습니까?"

노인의 말이 끝나자, 공자는 자신의 주위를 둘러싼 제자들을 향해 이렇게 말했다고 해.

"정신을 한곳에 집중하고 최선을 다해 노력한

다면 신도 부러워할 만한 실력을 갖게 된다고 하던데, 그것은 바로 이분을 두고 한 말 같구나."

어때, 정말 존경받을 만한 분 아니시니?"

이 이야기는 『장자』에 나오는 내용을 각색한 것입니다.

더 생각해 보기

김연아 선수의 발목을 본 적이 있나요? 김연아 선수의 화려한 의상 속에 감추어진 상처들, 퉁퉁 부은 발목과 파랗게 멍든 무릎, 그리고 파스가 덕지덕지 붙은 허리가 인터넷에 공개되자 누리꾼들은 깜짝 놀랐어요. 화려하기만 했던 그녀의 모습 뒤에 저토록 많은 상처와 노력의 흔적들이 숨어 있었다는 사실을 깨닫게 된 거죠. 이처럼 김연아 선수는 어린 시절부터 연습을 많이 하기로 유명했답니다. 김연아 선수가 얼마나 노력하는 선수인지 옆에서 지켜본 사람들의 이야기를 잠시 들어 볼까요.

2008년 1월 1일에 전화를 한 적이 있어요. 뭐 하냐고 물었더니 훈련한다고 하더군요. '오늘은 좀 쉬지 그러니.'라고 했더니 '남들 다 쉴 때 나까지 쉬면 세계 최고 선수가 될 수 없잖아요.'라는 거예요. 연아는 체중조절을 위해 저녁을 거의 먹지 않아요. 시리얼을 약간 먹는 수준이죠. 저는 시차 때문에 토론토가 밤일 때 주로 연아와 통화를 하게 되는데, 그때마다 연아가 하는 말이 '배고프다.'예요. 하루는 연아한테 '웃기는 짬뽕이네.'라고 농담을 했더니 '아, 짬뽕 먹고 싶다.'라더군요. 그러면서도 절대 정해진 것 외에는 먹지 않아요.

구동회(IB스포츠 부사장)

연아가 비엘만 스핀(한쪽 다리를 머리 위로 들어 올려 빙글빙글 도는 스핀)을 할 수 있을 거라고 생각도 못했어요. 어릴 때 유연성이 많이 부족했거든요. 그런데 지금 연아의 비엘만 스핀은 정상급이죠. 정말 독하게 노력했어요. 딸이 눈물까지 흘려 가며 연습하는 걸 보면, 아버지로서 마음이 참 많이 아프죠.

김현식(김연아 아버지)

관련 한자어

練達自然
연 달 자 연

많은 연습과 반복된 훈련으로 자연스러운 경지에 도달한다.

練(익힐 련) **達**(통달할 달) **自**(스스로 자) **然**(그러할 연)

이 말은 '뛰어난 솜씨를 가지기 위해서는 결코 연습을 게을리해서는 안 된다.'라는 뜻입니다. '노력은 성공의 아버지'라는 말처럼, 끊임없는 연습과 노력만이 그 사람을 성공으로 이끈답니다. 어리석은 사람은 행운을 믿고, 지혜로운 사람은 자신이 흘린 땀의 양을 믿습니다.

자룡, 깊은샘 반에 가다

6학년 힘찬기상 반 선생님이 갑작스레 사표를 내자, 교장 선생님은 새로운 선생님이 올 때까지 그 반 아이들을 다른 반으로 이동해 수업하기로 결정했다.

결국 깊은샘 반에도 힘찬기상 반 아이들 6명이 들어와 함께 공부하게 되었는데 그중 자룡이라는 축구를 아주 잘하는 아이가 있었다.

11월 첫째 주 수요일, 교내 축구대회가 예정대로 진행되었고, 자룡이는 몇몇 아이들의 반대에도 불구하고 깊은샘 반 대표로 선발되었다.

준결승전이 열리기 하루 전, 자룡이가 주장인 여포를 복도로 불러냈다.

"여포야, 높은산 반에는 슈팅이 강한 아이들이 아주 많아. 너도 잘 알고 있지?"

"응. 근데 왜?"

"내가 보기엔 유비가 그 아이들의 슛을 막아 내는 건 불가능할 것 같아."
"그게 무슨 소리야? 유비는 우리 반 최고의 골키퍼야."
"그래, 하지만 장각이보다는 실력이 부족해. 너도 봤잖아. 지난번 연습경기에서 장각이가 장비의 슛을 막아 내는 거."

장각이는 이번에 자룡이와 함께 힘찬기상 반에서 이동해 온 아이였다.

"그럼 골키퍼를 장각이로 바꾸자는 말이야? 그건 안 돼." 여포가 고개를 가로저으며 말했다. "내가 널 우리 반 대표로 뽑자고 할 때 아이들이 얼마나 반대했는지 너도 잘 알고 있잖아. 그런데 또 어떻게 장각이를 넣자고 해. 그런 말을 했다간 내가 주장 자리에서 쫓겨날지도 몰라."

"물론 그건 나도 잘 알고 있어. 아이들이 나와 장각이를 아직도 깊은샘 반 아이로 인정하지 않는다는 거. 하지만 우린 각자 맡은 역할을 열심히 하고 있어. 그건 아마 새로운 반에서 인정받고 싶은 마음이 간절하기 때문일 거야. 장각이 역시 마찬가지야. 장각이가 만약 골키퍼로 출전하게 된다면 그 아이는 자신이 가진 모든 것을 이번 경기에 다 쏟아부을 거야. 자기를 인정해 준 아이들에게 보답하기 위해서라도 말이야."

자룡이의 말이 끝나자, 여포는 그제야 고개를 끄덕였.

그날 오후, 자룡이의 이야기를 전해 들은 유비는 자신이 직접 아이들을 설득시킨 다음, 골키퍼를 장각이에게 양보했다.

다음 날 깊은샘 반의 골키퍼로 경기에 나가게 된 장각이는 상대방 공격수의 강슛을 여러 차례 막아 냈고, 결국 2대 0으로 승리하는 데 가장 큰 역할을 했다.

자룡, 깊은샘 반에 가다

경기가 끝나고 교실로 아이들이 들어오자, 진솔 선생님은 장각이를 교실 앞으로 불러냈다.

"오늘은 장각이가 정말 잘했어요. 우리 모두 큰 박수를 보냅시다."

아이들의 환호와 박수가 끝나자, 진솔 선생님이 다시 말했다.

"그런데 아쉬운 소식이 하나가 있어요. 다음 주부터 힘찬기상 반 아이들이 예전 교실로 돌아가게 되었답니다. 새로운 선생님이 오셨거든요."

순간 아이들의 얼굴이 일제히 어두워졌다.

"이제 겨우 정이 들려는데 헤어진다니 많이 아쉽겠죠. 하지만 힘찬기상 반 친구들에겐 더없이 기쁜 소식이니 끝까지 밝은 얼굴을 잃지 않도록 합시다."

그리고 진솔 선생님은 특별히 준비한 게 있다면서 다음과 같은 이야기를 아이들에게 들려주었다.

옛날 중국 초나라에는 오자서라는 사람이 살고 있었어요. 그는 충성스런 신하였지만 주위 사람들의 모함에 의해 아버지와 형을 잃고 결국 이웃 나라인 오나라로

망명
자기 나라에서 안 좋은 일이 생겨 다른 나라로 몸을 피하는 것.

망명할 수밖에 없었지요. 하지만 그곳에서 알게 된 피리의 추천으로 다시 높은 벼슬에 오를 수 있었어요.

어느 날 오자서는 옛 친구인 백비를 만나게 되었는데, 그 역시 오자서와 마찬가지로 초나라 신하들의 모함에 의해 아버지를 잃고 오나라로 망명한 상태였죠. 오자서는 백비를 동정하여 오나라 왕에게 그를 소개하고 벼슬을 내려 줄 것을 부탁했어요.

백비가 물러나자, 옆에 앉아 있던 피리가 물었어요.

"당신은 어째서 백비를 그토록 믿는 것이오?"

"그건 나와 같은 슬픔을 가슴에 품고 있기 때문이오. 옛 노래에도 있지 않소. '같은 병을 가진 이는 서로를 불쌍히 여기고, 같은 근심을 가진 이는 서로를 아껴 준다.' 가족을 잃어서 슬퍼하지 않을 사람이 이 세상 어디에 있겠소."

이야기가 끝을 맺자, 진솔 선생님이 힘찬기상 반 아이들을 차례로 불러내어 번갈아 안아 주면서 이렇게 말했다.

"자룡이, 장각이, 진서, 다인이, 재영이, 준서가 처음 우리 반에 들어왔을 때 선생님은 솔직히 걱정이 많았어요. 행여 우리 반 아이들과 어울리지 못하는 건 아닐까? 지난 담임 선생님을 그리워하며 슬퍼하지나 않을까? 하지만 서로가 서로를 의지하며 씩씩하게 생활하는 모습을 보자 비로소 안심이 되더군요. 여러분들에게도 언제 힘들고 어려운 일이 생길지 몰라

요. 그때는 반드시 오자서와 백비의 이야기를 떠올리며 서로가 서로를 아끼고 도와주는 아름다운 사람이 되도록 하세요."

이 이야기는 『오월춘추(吳越春秋)』에 나오는 내용을 각색한 것입니다.

『오월춘추』
춘추시대의 오나라와 월나라 사이에 있었던 사건을 기록한 역사책.

관련 한자어

同病相憐 同憂相救
동병상련 동우상구

驚翔之鳥 相隨而飛
경상지조 상수이비

瀨下之水 因復俱流
뢰하지수 인복구류

같은 병을 가진 이는 서로 불쌍히 여겨 같이 걱정하고
놀라서 나는 새는 서로 의지하며 날아가고,
여울로 흐르는 물은 그로 인하여 다시 함께 흐르네.

同(한 가지 동)　　病(앓을 병)　　相(서로 상)
憐(불쌍히 여길 련)

이 이야기에서 나온 말이 '동변상련'입니다. 이 말은 '같은 병을 앓거나 같은 처지에 있는 사람끼리 서로를 가엾게 여긴다.'라는 뜻으로, 자기와 비슷한 아픔을 겪었거나 고통을 가진 사람끼리 서로를 잘 이해하고 아껴 준다는 말입니다.

관우의 늠름한 기상

관우는 대구에서 개최된 전국 어린이태권도대회에서 맹공초등학교를 단체전 우승으로 이끌었다. 우승기와 트로피를 들고 학교로 돌아오던 날, 교문 앞은 마중 나온 인파로 발 디딜 틈이 없을 정도였다. 그 속으로 꽃다발을 손에 든 유비와 장비의 모습도 보였다.

관우가 교장 선생님에게 우승기를 건네자 환호성이 쏟아졌고, 이어 해단식이 거행되었다. 기념사진 촬영 후, 선수들이 인파 속으로 뿔뿔이 흩어지고 난 후에야 유비와 장비는 비로소 관우와 얼굴을 마주할 수 있었다.

"워~, 관우! 네 이단옆차기 정말 짱이더라. 휘익, 하는 소리에 상대방 아이들이 힘없는 갈대처럼 쓰러지던걸."

장비가 발차기 흉내를 내며 넉살 좋게 말했다.

"다 너희들이 응원해 준 덕분이야."

"우승한 기념으로 축하 파티 하자. 여포랑 초선이는 학교 앞 분식집으로 오기로 했고, 조조는 학원 마치면 올 거야. 같이 갈 거지?"

유비가 준비해 온 꽃다발을 관우에게 건네며 물었다.

"이런! 어쩌지. 나 지금 태권도 도장에 가 봐야 해."

"뭐? 우리보다 도장 친구들이 더 좋단 말이야? 이거 정말 섭섭한데."

장비가 실망하듯 입술을 삐쭉거렸다.

"그런 게 아냐. 너희도 알다시피 작년 대회 때는 좋은 성적을 내지 못했잖아. 그 이유가 연습을 게을리했기 때문이거든. 같은 실수를 반복하고 싶진 않아. 국가대표 선발전이 한 달도 채 남지 않았고, 오늘은 특별히 마초 형이 내 연습 파트너가 되어 준다고 했어."

"우와! 오늘 같은 날에도 연습을 한단 말이야?"

"응. 선발전이 끝나면 그때 내가 꼭 한턱 쏠게."

"정말? 난 떡볶이에 새우튀김! 유비야, 넌?"

그제야 오해가 풀렸는지 장비가 활짝 웃으며 농담을 던졌다.

"알았어. 하하하! 이런, 벌써 약속시간이 다 되었네. 그럼 나 먼저 간다. 다른 아이들에겐 너희들이 잘 말해 줘!"

관우는 허리에 두른 검은 띠를 한껏 당겨 맨 다음, 교문 쪽을 향해 달리기 시작했다. 그렇게 관우의 모습이 교문 밖으로 완전히 사라질 때쯤, 유비의 머릿속으로 지난 주 토요일 도서관에서 읽었던 이야기 하나가 떠올랐다.

마원은 후한 광무제 때의 사람으로 용맹과 인격이 뛰어난 맹장이었다. 그가 남부 지방에서 벌어진 전쟁에서 승리하고 수도 낙양으로 돌아왔을 때, 수많은 사람들이 거리로 나와 그를 환영해 주었다.

환영 인파 속에는 그의 절친한 친구인 맹익도 있었는데, 그가 다른 사람들처럼 자신을 칭찬만 하자 마원은 실망한 듯 이렇게 말했다.

"나는 자네가 남들과는 다르게 뜻깊은 말을 들려줄 거라 기대했었는데 어찌 똑같은 말만 한단 말인가. 자네도 알다시피 옛날 노장군은 남월을 평정하는

큰 공을 세웠는데도 겨우 작은 논 하나 정도밖에 받지 못했지. 하지만 나는 별로 큰 공을 세우지도 못했는데 이처럼 과분한 상을 받았네. 이런 식의 영광은 그리 오래가지 못하네. 그대에게 무슨 좋은 생각이 없는가?"

맹익이 좋은 생각이 떠오르지 않는다고 하자, 마원이 다시 말을 이었다.

"그래, 지금 흉노족이 북쪽 국경에 자주 나타난다고 하니 난 내일 당장 그리로 갈 생각일세. 무장이라면 마땅히 싸움터에서 죽어야지 어찌 편하게 희희낙락할 수 있겠는가?"

이렇게 마원이 다시 싸움터로 나가자, 모든 사람들이 그를 더욱더 칭송했다.

이 이야기는 『후한서(後漢書)』에 나오는 내용을 각색한 것입니다.

『후한서』
중국 후한시대의 역사를 기록한 책.

더 생각해 보기

김춘추와 함께 삼국을 통일한 김유신은 소년 시절, 천관이라는 아름다운 기생에게 반해 자주 그녀의 집에 드나들었대요. 하지만 그 사실을 알게 된 어머니로부터 크게 꾸중을 듣고, 결국 다시는 그녀의 집에 가지 않을 것을 하늘에 맹세하죠.

그러던 어느 날이었어요. 술에 취해 집으로 돌아가던 길이었는데, 깜박 잠이 들어 눈을 떠 보니 저런, 천관의 집 앞인 게 아니겠어요. 김유신을 태운 말이 그가 잠든 사이 습관처럼 그녀의 집으로 향했던 거죠.

잠시 후 천관이 밖으로 달려 나와 김유신을 반갑게 맞았지요. 하지만 김유신은 아무런 말없이 말에서 내려, 그 자리에서 말의 목을 베어 버렸다고 합니다.

물론 김유신의 마음 역시 천관만큼이나 아팠겠지요. 김유신은 천관이 싫어서가 아니라 자신의 굳은 의지가 흔들릴까 두려웠던 것입니다. 이후 천관은 다시는 김유신에게 피해를 끼치지 않겠노라고 맹세한 뒤 스스로 머리를 깎고 스님이 되었다고 해요. 김유신은 천관이 죽고 난 후 그녀를 위해 절을 지어 주었는데, 그곳이 바로 천관사라는 절입니다.

관련 한자어

男兒要當死於邊野 以馬革裏屍還葬
남아요당사어변야 이마혁과시환장

사내는 마땅히 전쟁터에서 죽어야 하고, 말가죽에 감싸여 장례를 치러야 한다.

馬(말 마)　革(가죽 혁)　裏(쌀 과)　屍(주검 시)

이 이야기에서 나온 말이 '마혁과시'입니다. 이 말은 '말가죽으로 시체를 감싼다.'라는 뜻으로, 죽음도 두려워하지 않는 용감한 장수의 늠름한 모습을 가리키는 말이랍니다. 옛날에는 전쟁터에서 장수가 죽으면 그 시체를 말가죽으로 감싸 땅에 묻었다고 해요.

숲을 볼 줄 아는 어린이

아침활동시간, 진솔 선생님이 스피커가 양쪽에 달린 시디플레이어를 검은색 자루에 담아 교탁 위에 올려놓았다.

"자, 1분단부터 차례로 나와 자루 속에 든 물건을 만져 보도록 하세요."

교탁 앞에 줄지어 서서 주머니 속으로 조심스레 손을 집어넣는 아이들의 얼굴은 두려움과 호기심으로 가득했다.

"그럼 이 속에 담긴 물건이 무엇인지 한번 말해 볼까요?"

아이들이 모두 제자리로 돌아가자, 진솔 선생님은 이렇게 말했다.

먼저 시디플레이어의 안테나 부분에 손길이 닿은 초선이가 손을 들었다.

"길고 가느다란 회초리 같아요."

이번엔 전기코드를 더듬거린 조조가 대답했다.

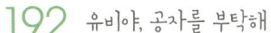

"아뇨. 줄넘기 줄이 틀림없습니다."
다음은 관우가 말했다.
"아닙니다. 부드럽고 조그마한 구멍이 총총 뚫린 걸로 보아 채소나 과일 씻을 때 쓰는 망 같습니다."
"아닌데……. 네모난 물건 위에 딱딱하고 각진 손잡이가 달려 있는 것으로 보아 제법 큰 상자 같은데요."
이렇게 아이들은 서로 자신의 의견이 옳다고 우겼다.
아이들의 이야기를 다 들은 진솔 선생님이 드디어 자루 속에 담긴 물건을 꺼내어 교탁 위에 올려 놓았다. 아이들은 그제야 자신이 만진 게

"그것이 무엇인고?"

시디플레이어였음을 알고 깔깔대며 웃기 시작했다.

잠시 후 웃음소리가 멎자, 진솔 선생님이 더없이 진지한 표정으로 아이들을 향해 이렇게 말했다.

"옛날 인도에 현명한 왕이 살고 있었어요.

왕은 어느 날 장님 여섯 명을 불러 손으로 코끼리를 만져 보게 한 다음 각기 생각한 코끼리에 대해 말해 보라 했죠.

그러자 제일 먼저 코끼리의 이빨을 만진 장님이 말했어요.

"폐하, 코끼리는 무같이 생긴 동물입니다."

그러자 이번에는 코끼리의 귀를 만진 장님이 말했죠.

"아닙니다, 폐하. 물렁물렁하고 잘 휘어지는 걸로 보아 커다란 오징어같이 생긴 동물이옵니다."

그렇게 코끼리의 둥근 다리를 만진 장님은 커다란 통나무처럼 생긴 동물이라고 하였고, 코끼리의 등을 만진 이는 벽처럼 평평하게 생겼다고 우겼으며, 배를 만진 이는 간장이나 된장을 담는 둥근 장독같이 생긴 동물이라고 주장했어요.

장님들의 대답이 끝나자, 왕은 그들을 모두 물린 다음 신하들에게 말했죠.

"보아라. 코끼리의 겉모습은 결코 단순하지 않거늘, 저 여섯 장님은 오로지 자기가 만져 본 것만을 이야기하며 조금도 부끄러워하지 않는구나. 바르게 안다는 것은 이처럼 사물의 전체를 꼼꼼히 관찰하는 것에서부터 출발한다는 사실을 너희들은 꼭 명심하도록 해라."

선생님은 이 이야기를 읽고 문득 궁금해졌어요. 우리 반 아이들이 장님이었다면 어떻게 대답했을까? 그래서 이렇게 시디플레이어를 만져 보게 한 거죠. 보다시피 결과는 대실망이에요.

여러분 중 누구도 인내심을 갖고 시디플레이어의 모든 부분을 다 만져 본 사람이 없기 때문이죠.

이처럼 사물의 한 부분만을 보고 전체를 판단하는 건 참으로 어리석은 일이랍니다. 친구를 사귈 때도 마찬가지예요. 그 사람의 단점 한 가지만을 보고 그 사람을 나쁜 사람이라고 생각해 버린다면 누구와도 친구가 될 수 없을 거예요. 왜냐하면 누구나 단점은 있기 마련이니까요. 눈앞에 있는 나무 한 그루만을 볼 줄 알고, 다양한 나무들이 모여 있는 거대한 숲을 볼 줄 모르는 사람은 장차 큰 인물이 될 수 없는 법이랍니다."

이 이야기는 『열반경(涅槃經)』에 나오는 내용을 각색한 것입니다.

『열반경』
석가모니가 세상을 떠날 때의 이야기를 기록한 책.

더 생각해 보기

친구를 사귀거나 평가할 때 여러분들은 무엇을 제일 먼저 보나요? 외모? 성격? 운동? 성적? 물론 외모도 무시할 순 없겠죠. '보기 좋은 떡이 맛도 좋다.'라는 옛말도 있으니까요. 성격 역시 중요합니다. 짜증을 잘 낸다거나, 쉽게 삐뚤어지는 친구들을 가까이할 순 없을 테니까요. 공부를 잘하는 친구도 꽤 많은 도움을 주죠. 내가 모르는 수학문제를 가르쳐 주기도 하고, 학급에서 어려운 일이 생기면 도움을 청할 수도 있습니다. 운동을 잘하는 친구들 역시 인기가 많습니다. 몸이 건강해야 정신이 건강하다는 말처럼 항상 밝은 얼굴로 우리의 삶에 활력을 불어넣어 주니까요.

하지만 이 모든 것을 다 가진 친구는 이 세상에 존재하지 않습니다. 반대로 한 가지가 부족하다고 하여 그 사람을 나쁘게 판단해서도 안 되겠죠. 얼굴은 평범해도 마음이 착하고 너그러운 친구, 공부는 못해도 봉사정신이 강한 친구, 성격은 급하지만 축구를 잘해 우리 반에게 승리를 안겨 주는 친구……. 이처럼 친구들의 다양한 면을 꼼꼼히 살펴보면 단점보다는 장점이 더 많다는 것을 쉽게 발견할 수 있을 거예요.

관련 한자어

盲人摸象

맹인모상

장님이 코끼리를 만진다.

盲(보이지 않을 맹) 人(사람 인) 摸(더듬을 모)
象(코끼리 상)

이 말은 사물의 일부분만을 가지고 마치 전체를 아는 것처럼 떠들어 대는 사람들을 표현할 때 씁니다. 사람은 누구나 완벽할 수 없습니다. 그렇기 때문에 자신의 주장이 옳다고 계속 고집하는 것만큼 어리석은 행동도 없는 것입니다.

이상한 지우개와 연필

첫눈이 펄펄 내리던 날, 맹공초등학교 강당에서 알뜰시장이 열렸다.

6학년 깊은샘 반도 참가했는데, 조조는 며칠 전 삼촌에게서 선물받은 외국산 연필과 지우개를 팔기로 했다.

'자, 그럼 시작해 볼까.'

조조는 강당에 마련된 탁자 위에 지우개와 연필을 올려놓고 아이들을 향해 외치기 시작했다.

"여러분! 이 연필 좀 보세요. 이 연필은 보통 연필이 아니랍니다. 이 연필은 어떤 지우개를 사용해도 지워지지 않는 특수한 심으로 만들어져 있답니다. 자, 절대로 지워지지 않는 심으로 만들어진 이 연필을 빨리빨리 사세요."

그리고 이번엔 연필 옆에 놓인 지우개를 집어 들었다.

"이 지우개도 팝니다! 이 지우개는 겉으로 보기에는 보통 지우개처럼 보이지만 그렇지 않답니다. 이 지우개는 어떤 글씨도 지울 수 있는 특수 지우개랍니다. 진한 글씨도 깨끗이 지울 수 있는 이 지우개를 사세요. 자, 골라, 골라! 먼저 집는 사람이 주인입니다."

강당 안은 많은 인파로 소란스러웠지만 조조의 목소리는 우렁차게 사방으로 퍼져나갔다.

그러자 처음부터 그 모습을 유심히 지켜보고 있던 진솔 선생님이 조조에게 다가갔다.

"조조야, 넌 특수 연필과 특수 지우개를 판다고 했니?"

"네. 이건 절대로 지워지지 않는 연필이고요, 이건 그 어떤 것도 지울 수 있는 지우개예요. 선생님이 사시려고요?"

조조가 연필과 지우개를 집어 들어 진솔 선생님에게 보여 주자, 선생님은 크게 웃었다.

"하하하! 네 말대로라면 지금 네가 들고 있는 이 연필과 지우개는 너무나

값진 물건이라는 생각이 드는구나. 하지만 선생님이 한 가지 이해할 수 없는 게 있구나."

"네? 그게 뭐예요?"

조조가 고개를 갸웃거리며 이렇게 되물었다.

"그건 바로 네 연필로 쓴 글씨를 네 지우개로 지우면 과연 어떻게 될까 하는 거야. 만약 지워진다면 너의 지우개는 진짜가 되겠지만 연필은 가짜가 될 것이고, 지워지지 않는다면 너의 연필은 진짜가 되겠지만 너의 지우개는 가짜가 되는 게 아니겠니?"

순간, 조조는 그만 말문이 콱 막혀 버렸다.

"조조야, 옛날 중국 전국시대에도 너와 비슷한 장사꾼이 살았단다. 그는 절대로 뚫을 수 없는 방패와 그 어떤 것도 뚫을 수 있는 창을 파는 사람이었지.

장이 열리는 날이면 그는 어김없이 창과 방패를 들고 장터에 나타나 지나가는 손님들을 향해 이렇게 소리치곤 했어.

"자, 여기를 보시오. 이 방패는 보통 방패가 아니외다. 30년 동안 방패만 만들어 온 명인이 만든 이 방패는 아무리 예리한 창으로 찔러도 갈라지지 않는 완벽한 방패요. 자, 언제 전쟁이 시작될지 알 수 없으니 빨리 이 방패를 사도록 하시오."

이렇게 신 나게 떠들어 댄 장사꾼은 이번에는 옆에 놓인 창을 들고 다시 외치기 시작했지.

"여러분, 이 창을 사시오. 이 창으로 말할 것 같으면 그 어떤 방패도 한번에 두 조각 낼 수 있는 날카로운 날을 가지고 있다오. 천하에서 단 한 개밖에 없는 귀한 창이니 빨리 사도록 하시오."

그때였어. 좀 전부터 장사꾼의 흥정을 흥미롭게 지켜보던 한 노인이 장사꾼에게 다가와 이렇게 말했단다.

"오호! 눈으로 대충 봐도 훌륭한 창과 방패임은 틀림없는 것 같구려. 하지만 한 가지 궁금한 게 있소. 만약 당신이 그토록 훌륭하다고 자랑하는 창으로 당신의 방패를 내리치면 어떻게 될까 하는 것이오. 만약 방패가 갈라지면 당신의 방패는 거짓이 되는 것이고, 방패가 갈라지지 않으면 창이 거짓이 되는 게 아니겠소."

노인의 말을 들은 장사꾼은 아무런 대답도 하지 못하고 쩔쩔매다 결국 슬그머니 달아나 버렸지.

조조야, 이처럼 앞뒤가 맞지 않는 말이나 행동으로 남을 설득시키려 해서는 안 된단다. 항상 논리에 맞는 말과 행동으로 믿음을 쌓아 가는 것, 그것이 바로 세상을 바르게 살아가는 지혜란다."

이 이야기는 『한비자』에 나오는 내용을 각색한 것입니다.

더 생각해 보기

가끔씩 앞뒤 문장이 논리에 맞지 않거나, 말과 행동이 전혀 다른 사람들을 만나곤 합니다. 선생님 반에도 그런 아이들이 있는데요, 특히 자신은 학급의 규칙이나 약속을 잘 지키지 않으면서 남이 어기면 심하게 화를 내는 모습을 흔히 발견할 수 있어요.

물론 사람은 살다 보면 말의 앞뒤가 맞지 않거나, 말과 행동이 일치하지 않는 경우를 종종 경험하게 됩니다. 하지만 이런 상황을 대수롭지 않게 생각하고 고치려 하지 않는다면 결국 주위 사람들로부터 신뢰를 잃게 되겠지요. 그래서 예부터 우리 조상들은 '말과 행동은 항상 일치해야 한다.'라고 강조해 왔습니다.

관련 한자어

或曰 以子之矛 陷子之盾 如何
혹 왈 이 자 지 모 함 자 지 순 여 하

어떤 이가 말하기를, 그대의 창으로 그대의 방패를 뚫으면 어떻게 되는가?

矛(창 모)   盾(방패 순)

이 이야기에서 나온 창과 방패라는 뜻의 '모순'은 말이나 행동의 앞뒤가 서로 맞지 않은 것을 뜻하는 말입니다. 이처럼 모순된 말과 행동을 자주 하는 어린이들은 결국 선생님이나 친구들로부터 믿음을 쉽게 잃어버립니다.

쓸모없는 소나무가 더 쓸모 있는 까닭

겨울방학이 시작되기 며칠 전이었다.

'목재의 사용'이란 주제로 수업이 진행되고 있을 때, 갑자기 동탁이가 손을 들었다.

"선생님, 좋은 목재가 되기 위한 조건에는 어떤 게 있나요?"

"오, 동탁이가 좋은 질문을 했네요. 좋은 목재가 되려면 일단 줄기가 굵고 곧아야 합니다. 이런 나무들은 시베리아나 동남아시아에서 흔히 찾아볼 수 있죠. 자, 그럼 화면을 볼까요?"

진솔 선생님이 마우스의 오른쪽 버튼을 클릭하자, 텔레비전 화면 속으로 나왕, 티크, 자단, 잣나무, 삼나무 등 고급목재로 이용되는 나무의 사진들이 다양하게 펼쳐졌다.

"선생님, 그럼 아카시아 같은 나무는 목재로 사용할 수 없는 건가요?"

목재
집을 짓거나 가구를 만들 때 쓰는 나무로 된 재료.

이번엔 유비였다.

"그렇죠. 줄기가 가늘거나 휘어진 나무들은 목재로 이용할 수 없어요. 하지만 목재로 쓸모가 없기 때문에 우리에겐 더 큰 도움을 주죠."

"네? 나무가 목재로 이용되지 않는다면 그건 쓸모없는 나무 아닌가요?"

동탁이가 고개를 갸우뚱거리며 물었다.

"동탁아, 인간이 생명을 유지하기 위해 가장 필요한 건 뭐지?"

"에이, 그야 산소죠. 숨을 쉬어야 하니까요."

"맞아, 산소지. 그럼 그 산소는 누가 만들지?"

"음~, 나무 아닌가요?"

"딩동댕! 산에 있는 나무들은 우리에게 매일 신선한 산소를 공급해 주지. 그런데 만약 모든 나무들이 목재로 이용된다면 우리에게 필요한 산소는 누가 만들어 내겠니?"

"아하!"

그제야 동탁이는 진솔 선생님의 말뜻을 이해할 수 있었다.

진솔 선생님이 다시 아이들을 향해 고개를 돌리며 말했다.

"이처럼 쓸모없어 보이는 것들이 가끔은 우리에게

큰 도움을 주기도 한답니다."

그리고 진솔 선생님은 장석이란 목수에 관한 이야기를 그 예로서 들려주셨다.

"중국 한나라에 장석이란 유명한 목수가 살고 있었습니다.

어느 날 그는 자신의 제자들을 거느리고 제나라로 가다가 마을 사당 앞에 서 있는 커다란 나무를 만나게 되었어요. 많은 사람들이 그 나무의 엄청난 크기에 놀란 듯 엎드려 절을 하거나 감탄의 눈빛을 보내고 있었는데, 장석은 오히려 그 나무를 향해 투덜거렸어요.

"어이구, 이 바보 같은 사람들아. 저건 크기만 클 뿐 전혀 쓸모없는 나무란 말이야. 저 나무는 속이 단단하지 못해 배를 만들면 가라앉고, 문을 만들면 군데군데 금이 가고, 옷장을 만들면 곧 망가지고, 기둥을 만들면 쩍쩍 벌어질 뿐이지. 그러니 저런 보잘것없는 나무에게 웬 절이란 말인가."

그런데 바로 그날 밤이었죠. 낮에 본 나무가 꿈에 나타나 장석을 꾸짖는 것이었어요.

"그래, 난 자네의 말처럼 목재로는 전혀 쓸모가 없는 나무지. 하지만 그것 때문에 오랫동안 살아남아 임금조차도 나를 향해 고개 숙여 기도하는 존

경받는 나무가 될 수 있었지. 그게 바로 나의 위대함이라네."
이야기를 다 들은 장석은 결국 크게 깨닫고, 다음 날 아침, 곧장 그 나무 앞으로 달려가 큰절을 올렸다고 해요.

여러분, 이처럼 보잘것없는 물건이라도 찬찬히 살펴보면 아주 큰 쓸모가 있거나 배울 점이 있다는 사실을 결코 잊지 마세요."

이 이야기는 『장자』에 나오는 내용을 각색한 것입니다.

더 생각해 보기

선생님 반에는 하람이란 아이가 있습니다. 과학에 관심이 많은 남학생인데요. 글쎄, 집에서 지렁이를 키운대요. 하람이가 지렁이가 든 수조를 들고 교실로 들어왔을 때, 여자아이들은 징그럽다며 난리가 났었죠. 남자아이들 역시 하필이면 왜 지렁이를 키우느냐고 다들 인상을 찌푸렸어요. 선생님도 살짝 고개를 갸우뚱했습니다. 솔직히 다람쥐, 강아지, 햄스터, 고슴도치, 이구아나, 장수풍뎅이, 거북이, 열대어 등 귀엽거나 특이한 애완동물도 많으니까요.

하지만 하람이의 생각은 달랐어요. 하람이는 책에서 지렁이에 관한 글을 읽고 지렁이에게 홀딱 반했대요. 지렁이는 비록 징그럽게 생겼지만 땅을 기름지게 만드는 데 일등공신이라는 거죠. 지렁이가 흙을 먹고 배출하는 분비물은 거름이 되어 땅을 풍요롭게 만들고, 지렁이가 땅속을 기어 다니며 만들어 내는 구멍은 흙과 흙 사이에 산소를 공급해 식물이 잘 자라게 한다는 거예요.

그 이야기를 듣는 순간, 하람이가 그리스·로마신화에 등장하는 거인족처럼 커다랗게 보이기 시작하는 거 있죠. 어때요? 하람이의 생각, 대단하지 않나요?

관련 한자어

以爲舟則沈 以爲棺廓則速腐 以爲器則速毀
이위주즉침 이위관곽즉속부 이위기즉속훼

以爲門戶則液樠 以爲柱則蠹 是不材之木也
이위문호즉액만 이위주즉두 시부재지목야

無所可用 故能若是之壽
무소가용 고능약시지수

배를 만들면 가라앉고, 널을 짜면 곧 썩게 되고, 물건을 만들면 곧 망가지고,
문을 만들면 진이 배어 나오며 기둥을 세우면 좀이 슬지만,
이처럼 쓸모가 없어서 크게 자랄 수 있었던 것이다.

無(없을 무) **用**(쓸 용) **之**(갈 지) **用**(쓸 용)

이 이야기에서 나온 말이 '무용지용'입니다. 쓸모가 없는 것이 더 쓸모 있게 쓰인다는 뜻으로, 언뜻 보아 아무 쓸모없는 것으로 생각되는 것들이 오히려 우리에게 더 큰 도움을 줄 수도 있다는 말입니다. 그러니 중요해 보이지 않는 물건이라도 소중히 다루어야겠죠.

가장 소중한 것은 용기

6학년 마지막 수업시간이었다.

진솔 선생님이 중학생으로서 꼭 갖추어야 할 것들에 대해 잠시 설명하더니, 그중에서도 가장 소중한 것은 용기라고 말했다.

그러자 바로 앞줄에 앉아 있던 동탁이가 고개를 갸웃거렸다.

"선생님, 공부가 가장 중요한 게 아닌가요? 저희 부모님께서는 중학교 때부터는 무조건 공부만 해야 한다고 말씀하시던데요."

"아니. 공부보다도 용기가 훨씬 더 소중하단다."

"운동은요? 몸이 건강해야 마음도 건강한 법이잖아요."

다시 여포가 물었다.

진솔 선생님은 역시 용기라고 대답했다.

"그럼, 지혜와 용기 중에서는요?"

이번엔 조조였다.

"역시 용기지. 공부, 운동, 지혜도 어른으로 성장하는 너희들에게는 모두 다 소중한 것이지만 용기와는 결코 바꿀 수 없단다. 밀림의 질서를 파괴하고 착한 짐승들을 마구 괴롭히던 애꾸눈 사자 스카를 굴복시킬 수 있었던 것도 결국 아기 사자 심바의 위대한 용기였잖니. 이렇듯 용기는 새로운 도전에 큰 힘을 불어넣어 주고, 또한 시련과 고난을 이겨 내는 데 소중한 재산이 될 거야. 용기 있는 사람에게는 결코 희망이 떠나지 않는다는 사실을 너희들 가슴속에 깊이 새겨 두었으면 좋겠구나."

그리고 진솔 선생님은 미리 준비한 듯 편지 한 장을 아이들에게 나눠 주었다. 그 속에는 다음과 같은 내용의 글이 적혀 있었다.

> **애꾸눈**
> 한쪽 눈이 보이지 않는 것.

사랑하는 나의 제자들에게

내일이면 졸업식이지?

너희들과 헤어진다고 생각하니 기분이 참 묘하구나. 하지만 몇 년 뒤, 우리나라의 훌륭한 일꾼으로 성장해 있을 너희들의 모습을 상상하면 한편으로 무척 설렌단다.

애들아, 이제 중학생이 될 너희들에게 선생님이 꼭 한 가지 부탁하고 싶은 게 있어. 그건 바로 아무리 힘든 일이 생기더라도 결코 희망과 용기를 잃지 않았으면 하는 거야.

진정한 용기는 부동심과 호연지기를 가리키는 말이지. 부동심이란 어떤 상황에서도 마음이 흔들리지 않는 상태를 말하는 것이고, 호연지기란 거침없이 앞으로 나아갈 수 있는 씩씩한 기상과 굳은 의지를 뜻한단다. 신라 시대의 화랑처럼, 그 어떤 힘든 일이 닥치더라도 결코 두려워하지 말고 최선을 다해 그 상황을 이겨 내도록 해. 그리하여 더 넓은 세상으로 나아가 너희들이 원하는 꿈을 반드시 실현시키길 바란다!

너희들을 하늘만큼이나 사랑하는 선생님이.

이 이야기는 『맹자』에 나오는 내용을 각색한 것입니다.

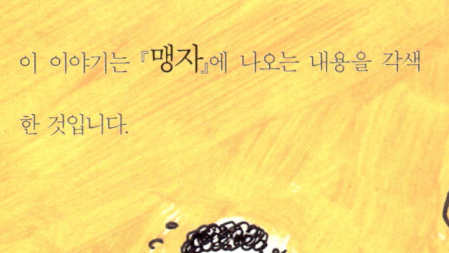

더 생각해 보기

프로메테우스
그리스신화에 나오는 티탄족 이아페토스의 아들. '먼저 생각하는 사람'이란 뜻.

여러분들이 너무나 잘 알고 있는 그리스·로마신화 속에는 프로메테우스라는 거인족이 등장합니다. 그는 어느 날 최고의 신 제우스에게 인간을 만들라는 명령을 받게 되죠. 그는 땅에서 떼어 낸 흙과 물을 적절히 반죽하여 신을 꼭 닮은 인간을 창조한 다음, 그의 동생인 에피메테우스를 찾아가 인간이 살아가는 데 가장 필요한 것을 선물해 달라고 부탁합니다. 하지만 에피메테우스는 형의 부탁을 잊은 채 다른 동물들에게 우아한 날개, 날카로운 발톱, 튼튼한 이빨, 강인한 근육, 뾰족한 가시 등 자신이 가지고 있는 모든 것을 선물해 버리죠.

결국 동생이 인간에게 선물할 것이 없다는 사실을 알게 된 프로메테우스는 신들이 가지고 있던 불을 훔치기로 결심하고, 아테나가 준 마차를 이용해 올림포스로 향합니다. 그리고 갖은 모험 끝에 제우스의 벼락에서 불씨를 훔쳐 자신이 만든 인간에게 선물하지요. 뒤늦게 불을 도둑맞았다는 사실을 알게 된 제우스는 프로메테우스를 붙잡아 코카서스 산꼭대기 절벽에 매달아 놓고 독수리가 매일 그의 간을 파먹게 하는 끔찍한 벌을 내립니다.

하지만 인간은 프로메테우스가 가져온 불을 이용해 다양한 무기와 연장을 만들 수 있었고, 결국 맹수들의 위협으로부터 벗어나게 되었습니다. 이처럼 인간이 모든 동물의 왕이 될 수 있었던 것은 인간을 진심으로 사랑한 프로메테우스의 따스한 마음과 굳센 용기 때문이 아니었을까요?

관련 한자어

孟子曰 我 善養吾 浩然之氣
맹자왈 아 선양오 호연지기

맹자께서 말씀하시기를 "나는 나의 넓고 맑은 기상을 잘 기른다."

浩(클 호)   然(그러할 연)   之(갈 지)   氣(기운 기)

호연지기는 '온 세상에 가득 찬 넓고 큰 기운, 또는 사람의 마음속에 가득 차 있는 정의로운 기운'이란 뜻으로, 사람을 올바른 길로 이끄는 참된 용기와 굳센 의지를 가리키는 말이랍니다.

창의·인성 계발 서술형 고전 문제

1. 「학급회장이 되기 위해 갖추어야 할 다섯 가지」(22쪽)에서 진솔 선생님은 회장이 되기 위해 반드시 갖추어야 할 다섯 가지로 무엇을 제시했나요? 그 내용을 아래에 적어 보고 나에게 부족한 점은 무엇인지 이야기해 봅시다.

2. 「맹달 선생님의 굵고 단단한 장대」(33쪽)에는 송나라에서 술을 가장 잘 빚는 술집이 등장합니다. 그런데 그 술집을 찾는 손님의 수가 시간이 흐를수록 줄어든 까닭은 무엇이었나요? 여러분도 이 술집의 주인처럼 준비와 실천이 부족하여 일을 그르쳤거나 후회한 적이 있었다면 그 내용을 주제로 짧은 글을 지어 봅시다.

3. 「수레를 고치듯이」(46쪽)에서 공자는 왕이 나라를 다스리는 데 가장 필요한 것은 무엇이라고 했나요? 또 '화목한 가정'을 이루기 위해 필요한 것 세 가지를 떠올려 보고, 그것이 왜 필요한지 그 이유도 함께 적어 봅시다.

4. 「나쁜 친구, 좋은 친구」(54쪽)에는 동료 신하들의 모함으로 위험에 빠진 중행문자라는 관리가 등장합니다. 그는 이웃 나라로 도망가는 길에 예전 절친했던 친구가 다스리는 고을을 지나게 되지만 결코 도움을 청하지 않았습니다. 왜 그랬던 것일까요? 만약 중행문자가 도움을 청했다면 결과는 어떻게 달라졌을까요?

5. 「타시불타이면 불타시타라」(66쪽)에서 젊은 중으로부터 '기시불기이면 불기시기'란 말을 들은 선비는 곧장 그의 머리를 지팡이로 내려치며 '타시불타이면 불타시타'라고 대답합니다. 이 말 속에 담긴 숨은 뜻은 무엇일까요? 만약 여러분이 선비였다면 어떤 말과 행동으로 젊은 중의 잘못된 행동을 꾸짖었을지 이야기해 봅시다.

6. 「한 달 치 간식을 한번에 다 준 이유」(74쪽)에는 아이를 달래기 위해서는 거짓말을 해도 된다는 아내와, 어떤 이유에서든 아이들에게는 거짓말을 해서는 안 된다는 남편이 등장합니다. 아내와 남편의 주장에 대한 근거를 본문에서 찾아보고, 여러분은 누구의 말에 동의하는지 자신의 의견을 적어 봅시다.

7. 「동탁이의 문제집은 다 백 점」(102쪽)에서 농부의 이야기를 다 들은 아내가 부랴부랴 논으로 달려간 이유는 무엇입니까? 또 이 이야기에 등장하는 농부의 성격을 그의 행동을 통해 추리해 봅시다.

8. 「동탁, 불로천에서 돈을 잃다」(121쪽)에서 사내가 강물에 빠진 자신의 칼을 찾지 못한 가장 큰 원인은 무엇일까요? 만약 여러분이 사내와 같은 배에 타고 있었다면 칼이 물에 빠지는 순간 어떤 말을 들려주고 싶습니까?

9. 「돌아온 여포」(127쪽)에서 맹자의 어머니는 고향으로 돌아온 맹자를 반갑게 맞이하기는커녕 오히려 짜고 있던 천을 가위로 싹둑 잘라 버립니다. 왜 그랬던 것일까요? 또 맹자 어머니의 말과 행동을 통해 우리가 배워야 할 점은 무엇인지 적어 봅시다.

10. 「동탁, 도둑질을 하다」(140쪽)에서 아버지가 살인사건의 범인임을 알게 된 석저는 자신의 기구한 운명을 슬퍼하며 스스로 목숨을 끊어 버립니다. 석저가 마지막으로 남긴 아래의 말에 대한 여러분의 생각을 짧게 적어 봅시다.

> "아버지를 위하지 않는다면 효자라 할 수 없고, 임금을 섬기지 않는다면 충신이라 할 수 없다. 임금께서 나를 용서하시는 것은 은혜로운 일이지만, 그래도 이 몸은 한 나라의 신하로서 국법을 어길 수 없구나."

11. 「초선이는 몸치예요」(146쪽)에서 자신의 울음소리를 사람들이 싫어한다고 둥지를 옮기기로 결심한 올빼미에게 비둘기는 어떤 충고를 들려주었나요? 여러분도 비둘기에게 충고를 들을 만한 행동이나 결심을 한 적이 있었다면 그 내용을 주제로 올빼미에게 보내는 짧은 편지글을 적어 봅시다.

12. 「색안경을 끼고 세상을 보다」(166쪽)에서 사내가 이웃집 아들이 자신의 도끼를 훔쳐 갔다고 의심한 가장 큰 이유는 무엇입니까? 또 이웃집 아들이 의심받았다는 사실을 알게 되었다면, 그 뒷이야기는 어떻게 전개되었을까요?

13. 「관우의 늠름한 기상」(185쪽)에서 마원이 많은 전쟁에서 큰 공을 세웠음에도 불구하고 흉노족이 자주 나타나는 북쪽 국경으로 또다시 달려간 이유는 무엇입니까? 내가 마원이었다면 어떤 선택을 하였을지 이야기해 봅시다.

14. 「이상한 지우개와 연필」(199쪽)에서 창과 방패를 파는 장사꾼은 어떤 말로 자신의 물건을 선전했나요? 여러분도 앞뒤가 맞지 않는 말이나 행동으로 남을 설득하려 한 적이 있었다면 그 당시의 경험을 떠올려 이야기해 봅시다.

15. 「쓸모없는 소나무가 더 쓸모 있는 까닭」(205쪽)에서 목수 장석은 거목을 향해 저 나무는 크기만 할 뿐 목재로는 전혀 쓸모가 없는 나무라고 핀잔을 주었습니다. 하지만 다음 날 아침, 장석은 다시 한 번 그 거목을 찾아가 어제 한 말을 반성하며 큰절을 올리게 되지요. 장석은 왜 그랬던 것일까요? 또 거목이 장석의 꿈에 나타나 들려준 말에 대한 여러분의 생각을 간단히 적어 봅시다.

유비야, 공자를 부탁해

펴낸날	초판 1쇄 2012년 2월 27일 초판 5쇄 2013년 4월 30일
지은이	우광훈, 김영숙
펴낸이	심만수
펴낸곳	(주)살림출판사
출판등록	1989년 11월 1일 제9-210호
주소	경기도 파주시 문발동 522-1
전화	031-955-1350 팩스 031-955-1355
홈페이지	http://www.sallimbooks.com
이메일	book@sallimbooks.com

ISBN   978-89-522-1734-9   73190

※ 값은 뒤표지에 있습니다.
※ 잘못 만들어진 책은 구입하신 서점에서 바꾸어 드립니다.